中国式现代化家庭教育的基本规律研究

彭静雯 ◎ 著

华中科技大学出版社
http://press.hust.edu.cn
中国·武汉

图书在版编目（CIP）数据

中国式现代化家庭教育的基本规律研究/彭静雯著. —武汉：华中科技大学出版社，2023.10
ISBN 978-7-5680-9993-6

Ⅰ.①中… Ⅱ.①彭… Ⅲ.①家庭教育-研究-中国 Ⅳ.①G78

中国国家版本馆 CIP 数据核字（2023）第 194220 号

中国式现代化家庭教育的基本规律研究　　　　　　　　　　　　彭静雯　著
Zhongguoshi Xiandaihua Jiating Jiaoyu de Jiben Guilü Yanjiu

策划编辑：	周晓方　宋焱　庹北麟
责任编辑：	林珍珍
封面设计：	廖亚萍
责任校对：	张汇娟
责任监印：	周治超
出版发行：	华中科技大学出版社（中国·武汉）　电话：(027) 81321913
	武汉市东湖新技术开发区华工科技园　邮编：430223
录　　排：	华中科技大学出版社美编室
印　　刷：	武汉市洪林印务有限公司
开　　本：	710mm×1000mm　1/16
印　　张：	10.75
字　　数：	196 千字
版　　次：	2023 年 10 月第 1 版第 1 次印刷
定　　价：	78.00 元

本书若有印装质量问题，请向出版社营销中心调换
全国免费服务热线：400-6679-118　竭诚为您服务
版权所有　侵权必究

内容简介

目前国内家庭教育研究的现状存在两种倾向：一种是对家长行为应然状态的理论建构性研究，但这种研究较少顾及真实的使用场景，无法回答"为什么家长不能成为他们应该是的样子"这个问题，这种试图把家长塑造为完美至善的抽象人的做法，是缺乏人性，尤其是缺乏东方文化背景的事实性根基的；另一种是拿来主义，指导市场上目前所使用的实训工具方法大部分是"舶来品"。不可否认的是，国外家庭教育指导工具的标准化特征，更便于家长在日常生活中的操作，尤其这些指导工具涉及场景周全、步骤详尽、案例丰富，确实具有一定的价值。然而，这种过于标准化和工具化的家长训练方法，本质上正是对家庭个体自身交往模式及修复机制的漠视与不尊重。

这种"直接拿来"、不经"本土化"实践检验的工具方法对我们自己问题的解决究竟能有多大意义呢？

本书从成千上百个家庭教育指导的真实案例出发，力图从文化自信的视角，在传承中国式家风教育文化基因的基础上，结合对西方亲子沟通工具本质属性及其适用范围的局限性等的理性反思，提出了健康的家庭教育环境所需的"至简"要素——家庭教育"铁三角"理论模型。它立足于中国家长自身的人格特质、素养底蕴、文化品质，以弘扬优秀传统文化为重要基点，尝试避开西方家庭教育指导现代化模式的各类陷阱，为家庭教育指导提供中国智慧、中国方案、中国力量，让中国传统家庭教育文化在全球家庭教育指导中发出自己的声音。

为此，本书还使用了大量古今中外名人的成长传记和现实中的家庭教育咨询案例来进行实证性研究，这既有助于对最终建立的理论模型进行验证和完善，也增强了可读性。

谨以此书

献给已然化风而行的我的父亲母亲

前　言

2016年2月底，计划外的双胞胎诞生后，我们一家五口两女三男的格局就这么稳定下来了。

1个姐姐加1对双胞胎弟弟，我们处在网传生娃"鄙视链"的底端。让"底端人民"聊以慰藉的是《正面管教》指出，当两个孩子年龄相差4岁或4岁以上时，他们之间的相互影响就会减少；因为年龄的差距让他们觉得彼此之间竞争会较少。①

而我的女儿和她的两个弟弟正是相差4岁。所以，这是否再次印证了那句老话——"一切都是最好的安排"？

当然，这是后话。

如今回想起来，当时只有4年育女经验的我，其实是缺乏对这一切的觉察能力的，我只是单纯地基于自己在硕博阶段对教育学学术探究的理论基础以及近10年高校育人培养的工作经验，硬着头皮强行"上阵"。然而，严峻的现实一度让我狼狈不堪，更让我深深地意识到，抚养未成年人与我所熟识的对成年人群体的培养实在是截然不同的概念，虽然它们都具有很强的专业性。因此，人们应该保持对家庭教育专业的敬畏，对家庭教育这个领域秉持"空杯心态"，并愿意系统地对它展开深入的学习，这正是那几年我积累的心理经验。然而，当时囿于工作压力和孩子哺乳期的喂养责任，我并未展开什么特别的行动。

它仍然需要一个契机。

---

① [美]简·尼尔森. 正面管教[M]. 玉冰, 译. 北京：京华出版社, 2009：52.

这个契机就出现在 2018 年新春伊始。当时江西南大心理咨询师职业技能培训中心的陈建华老师给我打来电话：我们这里急缺家庭教育指导师，你来吗？寥寥数语，没有寒暄和客套，我意识到：它来了！那段时间，我正好在香港大学做访学，有足够多连续的可以全心投入的时间，且香港大学的社工专业（香港高校社工专业里许多重要的社会工作就是家庭工作，它的工作职责主要是为家庭生活教育服务）独具特色，我一方面可以专注地把理论这块梳理一遍，另一方面可以利用香港的在地资源，积累一些经验性资料。

那段时间是我目前为止感到最充实最自在的时光，现在回想起来仍然满是怀念。因为它是我博士毕业参加工作以后唯一一次回归校园、心无旁骛读书的经历。通常，我上午"泡"香港大学图书馆，下午爬香港大学背靠的太平山，有时会跟社工专业的博士生交流实习实践体验；当时深圳有个朋友正好在家庭教育领域创业，她也经常来香港跟我聊聊她的创业进展。正是从那时起，我一边担任家庭教育指导师做准备，一边开始将相关理论知识应用于跟孩子的远程交流。2018 年 10 月中旬，我在香港为期一年的访学工作顺利结束，我返回南昌大学工作岗位，同时开始在江西南大心理咨询师职业技能培训中心从事家庭教育指导督导工作。

时光荏苒，转眼又是一年。到 2019 年 10 月，我已经在陈老师那里带了差不多 9 届家庭教育指导学员，学员覆盖靖安县、莲塘县、南昌县、九江共青城、宜春市、南昌市等地区，累计上千名。我具体负责的是最具实操价值的"家庭教育咨询个案指导"模块的教学以及学员终期个案指导考核的督导工作。尽管时间不长，但上千个深入家庭一线的咨询督导案例对我的冲击是真实且强烈的。它让我在短期内对家庭教育指导工作有了清醒的认识，同时成就了我对家庭教育指导工作的自信。

然而，正因为直面家庭教育指导一线，我也产生了另一种深刻的担忧。作为家庭养育中坚力量的父母，不仅被家里"上有老下有小"的赡养及养育责任"围困"，而且面临被后辈赶超取代的职场压力，这就直接导致尽管社会普遍认可家庭教育的重要性，但现实生活中许多家长仍然只有在孩子出现明显的身心异常问题时，才开始寻求事后的咨询干预，而在此之前，家长很难对由习惯支配的养育方式做出重大改变。同时，家长在思想观念上也并未发生转变，许多家长认为教育是学校的事情，尤其认为孩子难管是社会普遍难题；部分家长受到社会短期行为的功利主义思想影响，认为与其投资在自己身上等待漫长且不确定会发生的"反射弧"，不如直接投资到孩子身上。还有一个看似不起眼却不容忽视的来自传统文化的影响因素：这是家事，家丑不可外扬。在家长迈出向外求助那一步之前，他们需要直面"我连自己生的孩子都不知道怎样管教"的挫败感，而承认这一点本身就是令他们恐惧的，需要承受巨大的心理压力。

与此相对应的是，中国市面上目前关于家庭教育、亲子沟通、父母效能方面的培训、课程、书籍、教师的质量良莠不齐。系统地学习这些会耗费家长大量的时间和财力，而且家长也缺乏基本的甄别能力——泥沙俱下的市场之中拥有太多未知的风险！另外一个值得严肃考究的问题是：我们在强调育儿知识重要性的同时，无法解释为何近现代历史中不乏老舍、李鸿章这些名人的母亲一样的人——尽管她们目不识丁，却培养出了相当优秀的子女。所以，对这些"高门槛"育儿理论知识的学习真的如它宣传的那样必要和重要吗？

综上，中国的家庭教育市场有其特殊性要求。家长如何平衡与孩子之间的关系，用"四两拨千斤"的方法来化解家庭教育中的冲突与矛盾，才是中国目前大多数家庭缓解养育焦虑所迫切需要的。

以上，便是我出版本书的初心。

总结起来，这个初心来源于我在以下两个方面的深刻体会。一是家庭教育指导工作是有规律可循的，而且这个规律一定是简单的，因为所有复杂体系都需要用简单的规则去驱动。按照老子宇宙生成论的"道生一，一生二，二生三，三生万物"，哪怕是万物这样复杂的一个宇宙，也是由最早的"三"不断迭代出来的。所以，究竟什么是家庭教育指导工作中最重要最基本的规律呢？只有找到了这个作为充分必要条件的规律，一个家庭才会真正注入生命和活力，而一旦"触发"开关被激活，这个家庭里的每个成员都会自动完成面对危机时的迭代和关系的自我修复。二是中国的家庭教育指导有其特殊性，所以我们需要一个本土化工具，而不是一味地照搬西方那些看似"高大上"的风靡全球的工具。本土化工具从何而来？它需要我们追根溯源，到中国传统文化中、到中国传统家庭教育文化中，对"何以如此""为什么我们的家庭教养方式不是我们认为的样子"这些底层操作进行系统的思考。

最终，在这两方面深刻体会的基础上，我建构了中国式现代化家庭教育"铁三角"理论模型（以下简称"铁三角"理论模型）。简单来说，不以交换为前提的对孩子的爱、榜样和边界就是"铁三角"理论模型的三条边。

有人可能会说，这未免太简单了吧？是的，就是这么简单，因为大道至简、殊途同归。

但是，在介绍"铁三角"理论模型的同时，我要梳理清楚很多问题，比如：什么是爱？什么是不以交换为前提的爱？溺爱（宠爱）和爱的边界是什么？爱和以尊重为名的放任自流的边界是什么？爱的方式与控制之间的关系是怎样的？榜样是否意味着父母做不到的就一定不能要求孩子，这样的话是否会导致"一代不如一代"？有的家长明明做出了榜样，排除先天的遗传因素，为什么孩子就是不随家长？"铁三角"理论模型中的三条边的关系是怎样的？仅靠这三条边就足够带动整个家庭关系的自我修复系统吗？这背后的机理是什么？有多少具有说服力的数据可以作为该模型的支撑？为什么"铁三角"理论模型能超越风靡西方的《父母效能训练》《正面管教》等亲子关系沟通工具，而不是自说自话呢？它是否没有实施的"门槛"限制，适用中国所有的家庭？它是仅停留在学理层面的一个假设模型，还是真的能针对问题状况频出的家庭给出实质性、可操作的解决策略？

　　基于这些问题，我对整本书的叙述逻辑设计如下。

　　在第一章，我将系统地从历史文化与政策文本的双重视野出发，探寻中国父母倾向于控制型教养方式的根源。它具体包括控制型教养在不同的历史时期以怎样的方式呈现，它是从什么时候开始又是如何逐渐成为父母训练孩子社会化的最主要方式的，控制型教养方式究竟是如何一步步合理化与合法化的等内容。只有搞懂控制型教养方式生成的底层逻辑，让家长懂得自己这一疯狂的控制行为究竟从哪里来，才有可能找到破解它的方法。"因为懂得，所以慈悲"，家长只有懂得，才能更多更好地接纳自己、接纳孩子。这也是本书与以往教科书式说教、一味苛责父母、试图用"骂醒"方式来促成父母改变的根本不同之处。我始终认为，否定过去并不能达成改变，而理解、接纳自己才是触发改变的起点——只有首先对自己宽容，才能觉察到那些不当行为，之后改变也会自然发生。

　　在第二章，我以"履历名片"的方式，对目前风靡家庭教育市场的四项亲子沟通工具进行了精准"素描"，并对其做出评价。这一章主要介绍市面上已有的成熟的亲子沟通工具产生的背景和过程、它们的核心特征和方法策略、它们的适用范围、它们的共性特征，以及它们为什么具备自身的优势等内容。

　　到了第三章，我进一步分析为什么对西方亲子沟通的"利器"不能奉行"拿来主义"。为此，我将重点对这几项亲子沟通工具在使用过程中的局限性展开论述，尤其是对其背后的文化基因和政策制度环境做出剖析，以便从底层逻辑上探寻西方亲子沟通工具在我国面临本土化冲突障碍的根源。

　　在第四章，我在评述已有亲子沟通工具的基础上，抛出了"铁三角"理论模型。这一章会讲清楚"铁三角"理论模型是怎样来的，它的三条边究竟是什么、三条边之间的关系是怎样的，它们是如何构建家庭教育指导"铁律"的，它能用来做什么，它更适合什么样的家庭等。只有讲清楚"铁三角"理论模型的文化基础，才能为这个模型注入理论支撑的力量，所以，除了上述内容，我还会讲清楚"铁三角"理论模型对中国传统文化基因的传承，它的生命源头，它的包容性和张力的体现方式，它需要对传统家庭文化基因做出的改变和批判体现在哪里，以及需要克服的最大障碍是什么。总而言之，正因为"铁三角"理论模型的本质是对中国传统文化的继承和溯源，但是又讲清楚了转型社会中可能需要做出的批判和改变，所以它具备了稳定的张力。

在读完第三、四章之后，读者应该已经对"铁三角"理论模型有了足够多的认识和了解，但可能仍然对它心存疑虑。为进一步检验它的信效度，我将在第五章用它验证中外"比较轴"、古今"历史轴"上的名人名家的家庭教育策略，当然，为了保证并非低劣地"剪辑"而自说自话，我会以原文的方式完整地保留这些名人传记的叙说风格和叙述内容，读者可以看看他们的成长教育经历是否有"铁三角"理论模型的痕迹，是否能完整诠释"铁三角"理论模型的意蕴；不仅如此，我还将直接选用极具代表性的《正面管教》、李玫瑾教授的案例讲座等多个真实场景的实操步骤中所提到的工具方法，看看"铁三角"理论模型是否能对它们做出合理性证明。如果它们能"正好且完整"（有且只有）地证实"铁三角"理论模型的正确性，那么，就意味着"铁三角"理论模型能够提供自下而上的实例支撑。

前述"铁三角"理论模型中三条边的不同排列组合呈现的三种情形，几乎能够对应家庭教育矛盾中的所有问题。正所谓"纸上得来终觉浅，绝知此事要躬行"，在第六章，我会结合真实的一线案例来对应剖析三种情形下，如何运用"铁三角"理论模型来分析问题的症结，并运用"铁三角"理论模型给出具体的可操作的解决策略。如果读者已经掌握了"铁三角"理论模型的"铁律"，那么，在这一章可以把自己想象为一名家庭教育指导师，在实践中考量如何把前面学到的"铁三角"理论模型运用于咨询指导；为此，我在这部分额外准备了家庭咨询方案的备课通用框架，以及家庭教育指导师入场全流程操作指南，也方便专业咨询指导师对照实施。总之，我希望这些既有趣又有启发性的场景案例练习，能够增强读者的自我察觉能力，让读者深入理解自己与父母/子女以及与其他人之间所发生的事情，并进行恰当的关系处理。

我还要再次强调，"铁三角"理论模型的三条边对于任何一个专业的从事家庭教育指导以及心理咨询指导的人士而言都不陌生。可能会有专业人士反驳：你说这三个要素，我还能提四要素、五要素、六要素……它们对亲子关系的改善、家庭教育的指导而言都很重要。所以，"铁三角"理论模型的创新之处究竟在哪里？我的回答是：你固然可以在此基础上无限叠加，可是无论如何累积，这三个要素才是"三生万物"的初始代码，其他所有要素只是锦上添花，或者由它们衍生而来。

最后，这本书从成型到付梓，离不开我身边所有亲朋好友的关心与帮助。

感谢我的爱人廖常奇先生，他在我赴香港访学的那一年无条件给予我经济和精神上的支持，尤其这些年来一直对我各种焦虑和任性进行隐忍和包容。谨以此书纪念我们14年来虽常分处两地却稳固的家庭婚姻生活。

感谢我的三个孩子——沐辰、沐晗和沐昕。他们的降临触发了我写作此书的动机，并赋予我完成此书的力量。可以说，这本书完全是因他们而作，是在与他们交互学习的实践中摸索出来的经验。希望本书的出版能在一定程度上弥补那些我未能陪伴他们的遗憾。

感谢我在香港访学期间认识的李薇老师，我曾打趣她拥有金庸笔下的"吸星大法"绝学，专噬他人经年累积的内功，为其所用。那些我能坚持爬太平山的日子有一半是因为她的陪伴，当然这也让我们日后成为极有默契的朋友。她洞若观火的敏锐力以及迅速捕捉要点的传媒人的专业素养，让我与她每次的交谈都酣畅淋漓、意犹未尽，也让自己混沌的思绪越来越清晰。

感谢香港大学的叶薇博士、李蓉晖博士，她们总是热心回应、耐心解答我的困惑，与她们交流总是让我感到轻松随意、简单直接。她们身上深刻的人格修养是那样纯粹，让我如沐春风。

感谢曹书平女士，她独特的创业型企业家的思维方式，以及她在包括心理咨询师在内的多重身份之间来回切换的自如和自信，深刻地感染了我，引发了我对于自己目前人生状态的再认识和反思。

感谢陈建华女士，她给了我一窥家庭教育全貌的契机，如果当时不是为了教学而准备，我可能至今还在家庭教育的"门前"踟蹰，缺乏"推门"的勇气和决心。

感谢我的同事杨琳老师，她长年扎根于心理咨询实战一线，具有深厚的理论功底和实践经验。本书第六章有关家庭教育指导师如何运用"铁三角"理论模型指导亲子沟通的内容，经过了她认真细致的审核，她为我提出了宝贵的修改意见。这让我的相关表述更加严谨，在逻辑内容的设计上也更加自洽。

感谢我指导的硕士研究生,她们是2019级的刘疏影、2020级的李宁和2022级的欧阳平。她们在我过往咨询指导案例的整理、名人传记和历史政策文献的搜集梳理上做出了很大的贡献,体现出了她们的细心品质和专业素养。

感谢江西省高校人文社会科学规划课题(JY20108)的立项资助。

小满小满,小得盈满,恰是人生最当时。

尤其此书最终由我的母校华中科技大学出版社出版。所以,兜兜转转,人生何处不相逢……

如果读者在家庭教育指导实践上仍需要协助,我发愿义务担任顾问,提供必要的理论咨询与实务指导,我的邮箱为pengjingwen@126.com。

2023年小满

目 录

第一章 我国家庭中的亲子关系何以如此 / 001
  第一节 "父慈子孝"背后的双重标准 / 002
  第二节 控制型教养在现当代的表现 / 012
  第三节 不平等关系是如何合理化与合法化的 / 015
  第四节 控制型教养方式在当代的合理性基础及破解路径 / 018

第二章 西方解决亲子冲突的"利器"有哪些 / 023
  第一节 溯源:西方亲子沟通工具产生的背景 / 024
  第二节 个性特征:风靡全球的西方亲子沟通工具 / 027
  第三节 共性特征:西方亲子沟通工具的魅力 / 038

第三章 对西方亲子沟通的"利器"为何不能奉行"拿来主义" / 040
  第一节 西方亲子沟通工具的局限性 / 041
  第二节 西方儿童中心观的形成 / 045
  第三节 为何对西方亲子沟通工具不能奉行"拿来主义" / 049

第四章 中国式现代化家庭教育"铁三角"理论模型 / 053
  第一节 爱非理性、不可教 / 054
  第二节 爱不是控制 / 058
  第三节 爱孩子的前提是爱自己 / 063
  第四节 我国传统文化中的爱:慈严相济 / 065
  第五节 如何爱:榜样和边界 / 068

第五章 "铁三角"理论模型经得起考验吗 / 077
- 第一节 中国家庭养育案例的验证 / 078
- 第二节 西方家庭养育案例的验证 / 093
- 第三节 风靡市场的亲子沟通实训案例的验证 / 105

第六章 "铁三角"理论模型是如何指导家庭亲子沟通的 / 115
- 第一节 家庭教育指导工作的出发点:为家长"赋能" / 116
- 第二节 家庭教育指导师入场及准备 / 119
- 第三节 家庭教育指导师入场全流程操作指南 / 125
- 第四节 三种冲突场景 一种干预对策 / 136

结语 / 149

参考文献 / 154

第一章　我国家庭中的亲子关系何以如此

近年来,《开端》《小欢喜》等热播影视剧表现的父母超强控制欲,多次成为坊间热议的话题。中国家庭的情况也一度被描述为"缺席的父亲、焦虑的母亲以及失控的孩子"。

知乎上还有一个引发很多人共情的问题:"一个女人真的可以毁三代人吗?"下面的回答五花八门,很多人列举了自己强势的奶奶、外婆、婆婆或者妈妈,这些女性长辈无一不是在爱与教育的名义下,以有形或隐形的方式控制着子女的人生。

这些对原生家庭的控诉,除了在一部部影视剧中被演绎,也在众多餐厅、咖啡馆里被谈论,在数以千万计的自媒体中被书写……

爱无能、完美主义、拖延、焦虑、抑郁、社交恐惧、没有存在感、物质成瘾……这些都可能是控制型教养方式带给子女的创伤。然而,许多父母对此浑然不觉,甚至认为,这么"内卷"的世界,如果我不管孩子,孩子怎么可能发展得好,怎么可能成功幸福?他们也一直想不明白为什么自己呕心沥血地为孩子付出了一切,换来的只有孩子的反对、叛逆和不满。

伴随着网络热词"PUA"的普及,人们对它的认识已经走出了早前两性关系,发展到职场、家庭等多个领域,现在的"PUA"成为"情感控制""情绪勒索"的代名词,人们对它的表征形式、可能导致的危害等也越来越熟悉。

然而,熟悉并不意味着我们在现实中知道该如何冷静面对与妥善处理。

尤其在如今成功学和消费主义的社会思想影响下,一些父母出于对孩子功成名就的高期待和高焦虑,仍然避免不了对孩子的高控制。高控制已然成为中国家庭一个非常突出的特质。父母与子女间控制与反控制的拉锯战,几乎贯穿孩子成长的整个历程;有的人即使成家立业了,也还要与原生家庭持续"拉锯"。

逻辑来源于历史。如果我们把时间线索放得更长远一些,就会发现这种控制型教养方式在我国数千年的家庭教育发展史中占据了主流地位。所以，我想给家长的第一颗"定心丸"是：脱离不了"控制"的魔咒并不是你的错，因为你面对的是与整个文化历史沉淀的撕裂与抗衡。

要知道，父母对子女的教养方式是社会现实的一个侧面反映，其根本仍在于背后的社会文化土壤。为此，本章将从历史文化与政策文本的双重视野出发，探寻如下三个问题：第一，中国的控制型教养方式在不同的历史时期是以怎样的面目来呈现的；第二，控制型教养方式是从什么时候开始又是如何逐渐成为父母训练孩子社会化的最主要方式的；第三，控制型教养方式究竟是如何一步步合理化和合法化的。我们只有搞懂控制型教养方式生成的底层逻辑，知道它从哪里来，才有可能找到破解它的方法。

第一节 "父慈子孝"背后的双重标准

如果用一个词来描述千百年来中国家庭对于成功养育孩子的生活图景向往，那一定是"父慈子孝"。然而，这个从战国时期及至清代[1]以来被反复使用、印证的美好家庭氛围词语，在践行中却通常是另一番光景：子女须对父母尽孝，因为"孝"是人之为人、超越其动物本能、达到文明进化的标志；但与此同时，父母不一定要对子女"慈"。

而控制背后所折射的家庭关系相处模式，实质上也是不平等的。

所以，不平等正是父母控制可以大行其道的逻辑起点。

下面基于时代背景，从历史和逻辑的双重视角对这种事实上权利和义务的不平等展开论证。

一、关于"父慈"

（一）有交换条件的"父慈"

实际上，古代儒家关于父母"慈"的完整表述是"慈严相济"。也就是说，中国传统家庭生活场景里的"慈"始终伴随着"严"，这样才能让"子女畏慎

---

[1] 注释：最早出于《战国策·秦策三》，后见于元代的《冻苏秦》、清代蒋伊的《孝友堂家训》、清代的《明珠缘》等。

而生孝矣"。颜之推曾用"严""狎""爱""简"对亲子关系进行了阐述:"父子之严,不可以狎;骨肉之爱,不可以简。简则慈孝不接,狎则怠慢生矣。"①司马光则使用了"慈"与"训",他说:"慈而不训,失尊之义;训而不慈,害亲之理。慈训曲全,尊亲斯备。"②尽管语言表述不同,但它们都表达了"慈"须以严为前提的逻辑预设。其背后的因果关系在于:只有严苛才能使子女心生畏惧,而子女有畏惧才能产生"孝"意,进而维护父母的权威;反过来,如果只有"慈"爱,子女反而会对父母心生怠慢。所以,"父慈"须以恭谨孝顺为交换条件。

"父慈"的另一个交换条件是至今依然被很多人认同的"养儿防老"观念。这在中国也有悠久的历史,最早是在宋代陈元靓的《事林广记》中被明确提及:"养儿防老,积谷防饥。""养儿防老"从字面上理解,即抚养子女是为了防止自己年老以后无人依靠,它是由我国"反馈模式"③的代际关系特征所决定的,真正体现出朴实的中国人平衡抚育与赡养之间关系的智慧。这其中固然有光耀门楣的家族观念的影响,但更为现实的可能还是对年老赡养问题的解决——因为在从父居制④的条件下,出嫁的女儿既没有继承父母财产的权利,也没有赡养父母的义务,父母年老丧失劳动力后所需要的最基本的经济支持与生活照料有赖于儿子提供。一言以蔽之,"父慈"从短期来看,换来的是子女对父母的恭顺和敬意,从长远来看,换来的是自己年老之后得到赡养的保障。

(二)父不"慈"不用担负法律责任

追溯历史,父其实也可以不慈。早在周朝时,为了贯彻"天无二日,土无二王,家无二主,尊无二上"的礼制⑤,礼法中赋予父母的权力就包括主婚权、

---

① 梁海明. 颜氏家训 [M]. 太原:山西古籍出版社,1999:12.
② [北宋] 司马光. 潜虚(卷3)[M]. 北京:中华书局,1985年影印版:63.
③ 注释:"反馈模式"是由费孝通先生提出的,具体表现为甲代抚育乙代,乙代赡养甲代,乙代又抚育丙代,丙代又赡养乙代,以此类推。
④ 注释:从父居制指儿子、媳妇和父母共同居住在一个屋檐下,在一个经济单位中生活。
⑤ [西汉] 戴圣. 礼记精华 [M]. 傅春晓,译注. 沈阳:辽宁人民出版社,2018:273.

惩戒权以及财产权等。① 之后，历朝历代都沿袭了对家长家庭地位的捍卫，并逐渐扩延至经济、法律、宗教②、教令、惩戒、买卖子女、婚姻、户籍、住址、立嗣等多领域。更为极端的是，家长对子女的惩戒甚至延伸到了对其生命权的剥夺上，譬如战国时期《韩非子·奸劫弑臣》就有春申君的妾以"不孝"来挑拨，致其怒而杀子的记载。③ 生命是个体作为权利主体而存在的物质前提，当出现父殴甚至杀子这样极端恶劣的行为（"父"不慈）时，通过审视个体最基本的生命权在不同历史背景下的演变情况，我们就可以看到父母与子女间地位的悬殊以及国家制度对父权的直接袒护程度。

在奴隶社会中，孩子作为父母的附属物而存在。这意味着如果父母是奴隶，孩子就是小奴隶，没有人身自由，可以被主人连同他的父母一起当成财物，同别的奴隶主进行交换或转让，主人也可以任意处置奴隶，甚至可以将其作为祭品或殉葬品。

到了封建社会，这种情况并没有得到根本改善。秦律中依据犯罪性质及诉讼当事人的身份，将处罚具体分为"公室告"和"非公室告"。其中，"'殴（也）贼杀伤、盗他人为'公室'"④，而"主擅杀、刑、髡其子、臣妾，是谓'非公室告'，勿听"⑤。也就是说，家长处罚甚至杀死自己的子女、妻妾等行为，属于家庭内部的私事，官府是不予干涉的。

及至东汉，统治阶级才逐渐意识到子女也是国家的"子民"——"王者以养长而教之，故父不得专也"（《白虎通义·诛伐》），这才开始干涉子女生命权被任意剥夺的极端行为。

然而，当时从律法层面所进行的这种强制性干预实际上非常微妙——通常非常重视杀子的动机以及杀子的方式，并以此作为量刑的标准。比如，北魏时期对于父母、尊长杀死卑幼的处罚，《魏书·斗律》中就有记载："祖父母、父母忿怒，以兵刃杀子孙者五岁刑，殴杀者四岁刑，若心有爱憎而故杀者，各加

---

① 王爱军. 罗马法中的亲子关系与古代中国法亲子关系之比较 [J]. 济宁学院学报，2009，30（1）：88-91.
② 瞿同祖. 中国法律与中国社会 [M]. 北京：商务印书馆，2017：6.
③ [战国] 韩非子.《韩非子新校注》[M]. 陈奇猷，校注. 上海：上海古籍出版社，2000：290.
④ 睡虎地秦墓竹简整理小组. 睡虎地秦墓竹简 [M]. 北京：文物出版社，2001：195..
⑤ 睡虎地秦墓竹简整理小组. 睡虎地秦墓竹简 [M]. 北京：文物出版社，2001：196.

一等。"通俗地翻译过来就是：祖父母、父母因为愤怒而用刀捅死子孙的判5年，殴打致死的判4年。如果是心有爱恨而故意杀人者，则罪加一等。这后半句的"若心有爱憎"就有点意味深长了，因为"故杀"本就是一种主观恶意，前面却"画蛇添足"地加上一个限定词"心有爱憎"，它实际上是在为这种"恶意"寻找一种合理性解释，强调的是爱恨交织下的故意杀害。所以，这究竟是整个司法体系中对"人性本善"的价值预设，还是仅为父母长辈的特权？我个人是倾向于后者的，因为我们遍翻历代律法，同样是"故杀"，对子杀父的"故杀"行为却从未有如此温情脉脉的"前缀解释"。

总而言之，对杀子的惩罚在北魏时期最多也就是5年的徒刑；到了唐代的《唐律疏议》中，则更是直接将量刑大幅减掉一半："若子、孙违犯教令，而祖父母、父母殴杀者，徒一年半；以刃杀者，徒二年；故杀者，各加一等……过失杀者，各勿论。"即殴杀判1.5年，刀杀判2年。

当然，尽管量刑减半，我们看到《唐律疏议》的表述有了新的提法——"违犯教令"，而"违犯教令"的含义实际上极为抽象，包括子女有赌博奸盗行为，父母加以训责，而子女不从之类。到了宋代，律法要人性化一些，不再允许父母杀死子孙，"杀死子孙皆处徒罪，子孙违犯教令而杀之，也只能较故杀罪减一等，若子孙并未违犯教令而杀之，便是故杀了，须负故杀的责任"①。同时，北宋时期官府也更为关注弃子溺婴问题，还推出了一些对流民弃婴的帮扶政策，如仁宗至和二年（1055年）曾下诏："访闻饥民流移，有男女或遗弃道路，令开封府、京东、京西、淮东、京畿转运司应有流民雇卖男女，许诸色人及臣僚之家收买。或遗弃道路者，亦听收养。"②

元、明、清时期，父母杀死子孙的行为又较唐律宽容得多："父母绝非不得杀死子孙，除了故杀并无违犯之子孙外，子孙有殴骂不孝的行为，被父母杀死，是可以免罪的。直系尊亲属对子孙本有教养扑责的权利，原不成立伤害罪，因子孙不孝或违反教令，而将子孙杀死，法律上的处分也极轻，甚至无罪。"③

总体而言，父母对子女只要不是"非理殴杀"，仍然是为法律所认可的。即便是没有理由的殴杀，国家律法也对其不同程度地实施了豁免权。比如，《大清律例·斗殴》"殴祖父母、父母"条规定："其子孙违犯教令，而祖父母、

---

① 宇培峰."家长权"研究[D]. 北京：中国政法大学，2011.
② 转引：徐松辑. 宋会要辑稿·食货六九[M]. 北京：中华书局，1975：41.
③ 宇培峰."家长权"研究[D]. 北京：中国政法大学，2011.

父母……非理殴杀者，杖一百；故杀者，无违犯教令之罪，为故杀。杖六十、徒一年。"这一精神一直延续到清末变法修律后颁布的《刑律草案》，它规定："凡杀人者，处死刑、无期徒刑或一等有期徒刑。"这是第一次将父母对子女的殴杀同罪于其他杀人量刑。

由此可见，从最开始把家长对子女的惩戒定义为家事而允许父母杀子，到收回直接杀子的权力，虽然在整体方向上有一个重要转变，但历代法律对父权和家长惩戒权的直接维护是显而易见的，最为突出的是，即便父杀子，法律对其最严厉的惩罚也不过是2年左右的徒刑，无须以命偿命；尤其如果是子不孝而被家长杀死，家长更是直接可以被赦免。这便是"父慈子孝"背后的残酷事实：父可以不"慈"，不"慈"不用担负法律责任；父也可以"慈"，但"慈"的背后通常有需要子恭顺以维护父权尊严及未来养老的利益诉求。

二、关于子"孝"

（一）"孝"的形式表征

"孝"在汉代有着特别全面的形式表征，它是汉代的立国基策。以墓室文化为例，为了表达孝心，汉代人不惜家财为去世亲人营造墓室。富家大户营造的墓室往往规模很大、豪华异常：有的有专门的厅堂和寝房，有的还有储藏室、厨房、厕所等附加设施，犹如地上的房屋和庭院。豪门富户如此，流风所及，黎民百姓争相效仿，即使较小规模的单室墓葬，也会在进入墓室的石块上刻绘门扉，以此象征住宅。还有许多画像石刻有亭台楼阁、庭院水榭、桥梁道路等，把人间的生活场景复制到死后的世界，即所谓"事死如生"。

为了彰显孝心，除了尽其所能地修建豪华墓室，建造地上祠堂（通常为石祠堂）也是汉代表现孝行的最好方式。所谓石祠堂，就是将石材垒砌在坟基前，不设门扉，前面敞开，形状类似房屋的建筑，是供死者的亲人故旧等祭祀时摆放供品、举行仪式用的，主要流行于东汉时期。石祠堂画像内容非常丰富，有神话人物、历史故事以及反映现实生活的内容等。主人画像一般居于画面的中心位置，画像如同剪影，并不写实，但仍然具有"肖像"的作用。祠堂画像除了接受亲人的瞻仰外，路人也能观瞻，因此祠堂画像兼具纪念和教化的功能。

以上，仅仅是孝文化在我国丧葬礼仪中的体现与延续。

为论证方便，我们首先要解释清楚"孝"这个核心概念的意指。

对于什么是孝，应该说，孔子是给出直接答案的第一人。

目前，后世引用较多的是《论语·为政篇》中的下列记载。

> 子游问孝，子曰："今之孝者，是谓能养。至于犬马，皆能有养。不敬，何以别乎？"子夏问孝，子曰："色难。有事，弟子服其劳；有酒食，先生馔，曾是以为孝乎？"

综合这两段话来看，孔子的意思是，一个人如果犬和马都能养活，那养活老人不叫"孝"，是不是能和颜悦色地跟老人家说话，才是本质上的东西。这也是从古至今我们对"孝"的认识在内涵上一直保持的一致性起点："孝"不仅在行为上表现为一种赡养的义务，即它不只是表面上的服从，更重要的是，它是发自内心的敬重，是由心而生的敬意。而能和颜悦色地与长辈说话就是心生孝顺的外在体现，这也是中国文化"仁心呈露"的自由体现。

但实际上，在这两段被广为流传的关于"孝"的解释之前，在《论语·为政篇》中，孔子还有一段与学生之间关于"孝"的对答。

> 孟懿子问孝，子曰："无违。"樊迟御，子告之曰："孟孙问孝于我，我对曰'无违'。"樊迟曰："何谓也？"子曰："生，事之以礼；死，葬之以礼，祭之以礼。"

> 孟武伯问孝。子曰："父母唯其疾之忧。"

这里孔子就将"孝"解释为不要违背礼。

显然，孔子早期对"礼"地位的突出阐释，恰恰是父权时代对"孝"最为本质的阐释。明代邱濬在《大学衍义补》中也提到"孝者，礼之本也"，"人之事亲，固当尽其孝，尤当致其敬。不徒以下气怡色柔声为孝也，而凡其抑搔也，扶持也，问所欲也，皆必以敬焉。孝而不敬，非孝也"。①

然而，后人在引用孔子这一系列对"孝"的解释时，多选择忽视它的群体性，而倾向于用"色难"这个更具操作性的定义，我想更多层面上是因为"孝不要违背礼"的解释过于含混抽象。但从历史考证的角度来看，"无违"才是孔子对"孝"最初的解释，它其实一语道明了"孝"最重要的功能在于对礼制的维护，或者说，它本质上就是在强调子女对父母、对礼制的服从。从这个层面而言，"孝"不过是一个工具，是整个封建社会宗法制、父权制乃至君权制最重要的工具之一；换言之，正是父权赋予了家长对子女实施教令与惩责的权

---

① ［明］邱濬.大学衍义补上（卷四九）[M/OL]. https：//guoxue.httpcn.com/html/book/CQCQMECQ/CQAZILUYRNME.shtml.

力,这甚至成为一种可以任意控制的权力,而礼制则让家长对子女的这种任意操控变得合理化和合法化。

(二)子不得不"孝"

无论"父慈"与否,子都必须"孝"。"孝"不仅是中华民族传统文化的精髓,还受到立法保护。《孝经》有云:"五刑之属三千,而罪莫大于不孝。"所有对父母有不逊、侵犯的行为都为社会和法律所不容,不孝在法律上是最大的罪,处刑极重;不夸张地说,对"孝"所一贯保持的价值立场或许是中国历史上法律和伦理最为高度一致的时候。

让我们一起来梳理历史上对不孝罪的严厉处罚轨迹。

《周礼·地官司徒·大司徒》提到:"以乡八刑纠万民:一曰不孝之刑,二曰不睦之刑,三曰不姻之刑,四曰不弟之刑,五曰不任之刑,六曰不恤之刑,七曰造言之刑,八曰乱民之刑。"周朝为了强化"亲亲"原则,规定了不孝不义罪,《尚书·康诰》记载:"元恶大憝,矧惟不孝不友。"

北齐时期,子女的不孝行为被列为"重罪十条"之一,会被处以重刑。《北齐律》有言:"反逆、大逆、叛、降、恶逆、不道、不敬、不孝、不义和内乱,列作重罪十条"。

隋代将不孝归为"十恶",《隋书·刑法志》记载:"〔开皇元年〕更定《新律》……又置十恶之条,多采后齐之制,而颇有损益。一曰谋反,二曰谋大逆,三曰谋叛,四曰恶逆,五曰不道,六曰大不敬,七曰不孝,八曰不睦,九曰不义,十曰内乱。犯十恶及故杀人狱成者,虽会赦,犹除名。"

唐代律法延续了之前将不孝归为"十恶"的规定,其中,《唐律疏议·名例一·十恶》记载:"周齐虽具十条之名,而无十恶之目。开皇创制,始备此科……自武德以来,仍遵开皇,无所损益。"并对不孝之罪从重处罚,同时在《唐律疏议·名例》中规定了亲子关系双方身份上的差别——"父为子天"。[①]

《宋刑统》对不孝行为也做出了规定:"闻父母丧,匿不举哀。诈称父母死,是为不孝。"处罚更是达到了绞刑"诸告祖父母、父母者,绞"。

明代对于子女不孝行为的惩罚更加严厉,《大明律》直接规定:"殴打弑杀父母,族中尊长,或居丧而嫁娶作乐者,斩立决。"

---

① 王爱军. 罗马法中的亲子关系与古代中国法亲子关系之比较[J]. 济宁学院学报, 2009, 30 (1): 88-91.

清代的《大清律例·刑律》里，"谋杀祖父母父母""殴期亲尊长""殴祖父母、父母"等行为都被归类为不孝之行，都要受到刑罚，这就把不孝的对象扩延至父母以外的尊长等亲属。《大清律辑注》则具体将处罚量刑做了如下规定："凡子孙违犯祖父母、父母教令及奉养有阙者，杖一百。[律后注]：子孙于祖父母、父母，有顺无违，有隐无犯。服劳奉养，必尽其力。若教令而故违犯，奉养而故有缺者，杖一百。[律上注]：教令非义不可从，家道贫难致有缺者，不得概坐也。然教令不可从，则几谏之，非违犯之谓也。贫难者容有不获尽之力，断无不能尽之心，非有缺之谓也。"①

历代以来中国古代的立法都将子女对父母的孝行归为义务，并对不孝子女有着严厉惩罚，而且这种惩罚有越来越严厉的趋向。比如，骂人一项，骂常人不获罪，但骂祖父母、父母便是绞罪，且被列入"十恶"的重罪之中；至于"骂"以上的行为更是不能容忍，属于恶逆重罪；按汉律、宋律都要"罪至枭首"；如果导致父母死亡，还要罪加一等，唐、宋死刑有斩、绞两种，元、明、清律则罪加至凌迟。再如，常人过失杀伤是可以收赎的，但子孙过失杀伤父母就不得赎，且惩罚非常严重，在乾隆时期过失杀祖父母、父母甚至要被判绞立决。

三、"父慈子孝""双标"下的极端化表征

1. 即便父不慈，子仍需孝

元代郭居业所撰②《全相二十四孝诗选集》（简称《二十四孝》）中树立的典型榜样就是亲子关系的楷模。这套诗选集因其亲民的故事叙述风格而广为流传，在全社会产生了重要的影响力；自其出现后，多种版本的配套图说相继出现。比如王克孝所绘活灵活现的《二十四孝图》；清末张之洞等人将它扩编为《百孝图说》等；即使到了当代，我们也经常借鉴其宣传"孝道"文化，因为它通俗易懂、朗朗上口。比如，2011 年，为了弘扬中华民族的优良传统，把孝敬父母和长辈的传统发扬光大，我国评选出当代新二十四孝；2012 年，全国妇联老龄工作协调办、全国老龄办、全国心系系列活动组委会共同发布新版"二十四孝"行动标准。

---

① [清]沈之奇.大清律辑注（下）[M].李俊，怀效峰，点校.北京：法律出版社，2000：838.
② 一说是其弟郭守正，还有一说为郭居业编录。

与现在我们所讲的"孝"不同,郭居业所撰《二十四孝》中的第一孝就讲的是舜的父亲及继母、异母弟,多次想害死他,舜却每每毫不嫉恨,仍对父亲恭顺,对弟弟慈爱。即便登天子位,去看望父亲,仍然恭恭敬敬,并封异母弟象为诸侯。

另外,卢衣顺母、卧冰求鲤也都是讲的尽管受继母虐待,孩子却冒着生命危险、无怨无悔地为母求宽恕、治病的故事。其中,卢衣顺母讲的是孩子受继母虐待——继母给弟弟们穿用棉花做的冬衣,却只给他穿用芦花做的衣服——不仅不向父亲告发,反而在父亲发现真相要休妻时跪求父亲饶恕继母。卧冰求鲤讲的是继母多次在父亲面前说孩子坏话,使孩子失去父爱;但在父母患病时,孩子仍然衣不解带地伺候;继母想吃活鲤鱼,哪怕正逢天寒地冻,他也解开衣服卧在冰上,融化冰层找到鲤鱼,喂食继母。

□ 2. 子有失,父杀子是大义灭亲;父有失,子告父要受律法严惩

(1) 子有失,父杀子是大义灭亲。

"大义灭亲"这个成语当下的解释是:为了维护正义或人民的利益,对违法犯罪的亲人不徇私情,使之受到应有的惩处。但是如果我们追溯这个成语的出处,会发现它最早记载于《左传·隐公四年》:"'大义灭亲',其是之谓乎!"源自春秋时期石厚和他父亲——卫国的大臣石碏之间的典故。原事件中的"大义灭亲",特指"上灭下",典故中就是父亲石碏杀了儿子石厚。而老子杀儿子,在当时本就天经地义,不用承担法律责任(见前述"父不慈"的法律解释),如果再披上维护礼制之名的正义"袈裟",那便更成为值得世人称颂的"大义"之举;但如果这个故事反过来,"下灭上",儿子杀了老子,那就只会被扣上不孝、忤逆、恶逆的"帽子",是"十恶不赦"之罪。(见前述"子不孝"所需承担的律法惩罚解释)。

除此之外,还有一个因大义灭亲得到广泛赞誉的故事。

据《吕氏春秋》记载,墨家巨子腹䵍的儿子杀了人,秦惠王鉴于腹䵍只有这么一个儿子,责成有司停止追捕。可腹䵍并不领情,他谢绝了秦惠王的好意。他认为"墨者之法曰:'杀人者死,伤人者刑。'"于是坚决自行家法,亲手杀了儿子。

而《吕氏春秋》的编者为此赞叹道:"子,人之所私也;忍所私以行大义,巨子可谓公矣。"

所以"大义灭亲"并没有割裂维系社会的血缘亲情，更不是对天然情感与伦理的挑战；"双重标准"的背后所暗藏的价值导向其实从未更迭——仍然强调的是父亲（长辈）对子女的控制支配权和处罚权。

（2）父有失，子要为父"隐"；"不隐"，告发者要获重罪。

与"大义灭亲"完全背道而驰的是"亲亲相隐"制度。这种鼓励亲属之间相互隐瞒罪行的观念普遍被认为来源于《论语·子路》所记载孔子的那句"父为子隐，子为父隐，直在其中矣"。但实际上，这句话本意仍然偏向的是"子为父隐"，因为孔子和叶公当时对话的语境是讨论当儿子知道是父亲偷盗了邻居家的羊，儿子当如何处理；叶公说要"子证"，孔子说要"隐"。

如果儿子不"隐"，强行"大义灭亲"，将面临重罪。因为从汉代起，历朝历代的律令都坚决贯彻了这项制度——儿子若向官府告发父亲的罪行，不论父亲具体是什么罪行，官府都将以"不孝"对儿子处以重刑。如果官员逼迫亲人互相检举，即便是最终犯人的罪行被证实，犯人会被减罪三等，相关的官员也会被严惩。比如唐律中对子女告发长辈的行为就做了非常严厉及细致的规定——告祖父母、父母这类至亲，举报者绞刑；告远亲（缌麻、小功是"五服"里最后两等，古代代指远亲），举报者要被杖八十；告三代之内亲属，则要连坐（罪减一等）。① 上述还是举报后查有实证的处罚；而如果查无实证，就不单单是诬告了，罪名会上升到"不孝""恶逆"这种"十恶不赦"之罪，严重者甚至会被直接判处绞刑。比如清朝的《大清律例》中就规定，"凡子孙告祖父母、父母，杖一百、徒三年。但诬告者，绞"。

3. 杀子侍亲被尊为道德楷模

最为突出的例证还是前述被奉为道德楷模经典的《二十四孝》，因为它诠释了当孝顺父母与养育子女发生冲突时，作为一个被称颂的楷模应该毫不犹豫地做出选择——杀子侍亲！仅仅因为觉得家境贫困、养孩子势必影响供养母亲就埋儿奉母的郭巨，他的那句看起来义正词严的解释——"儿可再有，母不可复得"——道尽了那个时代子女地位卑微的惨状。

---

① 参见《唐律疏议·斗讼篇》所记载的："其于律得相容隐，即年八十以上，十岁以下及笃疾，皆不得令其为证，违者减罪人罪三等……诸告祖父母、父母者，绞……诸告缌麻、小功卑幼，虽得实，杖八十；大功以上，递减一等……"注：古代家族举行丧礼时根据与死者的亲属关系有五种丧服，即斩衰、齐衰、大功、小功、缌麻。

第二节 控制型教养在现当代的表现

一、新文化运动时期：退出制度保护的家长权控制

新文化运动的蓬勃发展带来了一些新的思想，至少让法律在文本形式上令行禁止了父母随意动手杀害子女的行为，然而家长仍然拥有家庭祭祀权、立嗣权、婚姻权、家政管理权[①]、财产权、教令和惩戒等各种对子女的人身控制权，"为国杀子"依然会得到大义灭亲忠义式的喝彩，甚至买卖子女也仍然在合法范围内，因为"父母自卖其子女，不生妨害家庭监督之问题"[②]，这恰恰印证了大理院 1917 年上字 852 号判例中所阐释的法理精神——"凡家属关于家事之行为，均应受家长之监督"。所以，这个时期的法律在精神形式上仍然是清代的，并带有浓厚的宗族色彩。

这种直接的人身控制一直延续到《中华民国民法》颁布之前——一个不容忽视的历史个案出现：蒋经国站出来声明跟父亲断绝父子关系。封建社会尽管允许父子断绝关系，但在家长权威的制约下，主动权从来都不在儿子那里，所以写公开信反对父亲的蒋经国堪称中华民国史上第一人，他向一直以来高高在上的父权、家长权发出了公然的挑战。此后，随着《中华民国民法》的颁行，延续近两千年的父子关系在法律上终于有了翻天覆地的变化：父权正式退出了历史舞台；嫡子、庶子之类的区别，也被扫入历史的"垃圾堆"，亲子关系被简化为自然血亲和拟制血亲两种新型关系。

尽管如此，家长权"退出"得并不干净。父母对子女仍然享有涵括婚姻、财产等方面的人身支配权，《民法亲属实用》也一再强调父母对子女的"叱责、或扑责，以矫正之"的惩戒权[③]，甚至《民国民律草案》第 1168 条还规定，如

---

① 宇培峰."家长权"研究[D]. 北京：中国政法大学，2011.
② 民国时期的《六法解释判例汇编》中就有此类案例："某甲因贫不能养其六岁幼子，商由乙丙等介绍出卖，取得身价，以现行之刑法论，即不得指为诱拐。且以父母自卖其子女，不生妨害家庭监督之问题。"（参考：田霞. 民国时期农村家庭亲子关系[J]. 华夏文化，1999（1）：20-22.）
③ 陈顾远. 民法亲属实用[M]. 上海：大东书局，1946：171.

果父母无法做到亲自惩戒其子,可以"呈请法院送入惩戒所惩戒之"①。尽管后期正式的《中华民国民法·亲属篇》将父母可以请求法院代为惩戒的权力做了删除,但从其摇摆不定的态度中,我们可以窥见这个时期的"儿童观":主流观点仍是将子女看作软弱无知的,只是在身体和行为上具有可塑性,而这正为控制型教养培养和训练他们提供了空间。

二、新中国成立以来:以学业"倾注"为表象的控制

1950年4月13日,中央人民政府委员会第七次会议通过《婚姻法》,正式废除了旧式父母包办婚姻的规定,第一次以法律制度的形式削弱了父母对子女婚姻的掌控权;不仅如此,这也是法制史上第一次将有关父母对孩子"惩戒"的表述完全抹去。其后,1980年的《婚姻法》将这一表述规范为"管教和保护"未成年子女的权利,2001年则将其再次修改为"保护和教育"未成年子女的权利和义务。从"惩戒"到"管教和保护"再到"保护和教育",看起来似乎只是语言符号的更替,但这背后有着重大的象征意义,它意味着传统亲子关系所预设的剑拔弩张的对抗性关系终于发生了根本性转变。

随着改革开放、市场经济的发展、对经济增长目标的追求,整个社会"物化"特征越来越明显,一种新型的"社会本位"儿童观出现:儿童作为发展社会主义事业重要力量的功能被突出强调。父母对子女的教养目的集中于把孩子培养成为建设社会主义事业所需要的有用人才,在亲子关系上也表现出明显的功利性倾向——一个直接的体现是:当代亲子关系的最主要内容就是学习与监督学习,家庭教育所奉行的主要价值观是"学习至上""唯学习为重",从而造成了亲子关系的离散化、对立化和冲突化。

为什么是学习呢?这其中既有"学而优则仕"传统观念的影响,也有将学习作为突破既有阶层、实现逆袭的思想影响,父母通过引导子女把学业成绩与前途、就业、命运等关联,让子女出让对自己时间和行为的自主支配权,做到校内外学习和培训的无缝对接,以便满足家长的教育期待。以前些年愈演愈烈的"鸡娃"为例:父母为了子女能够读好书、考出好成绩,安排他们参加各种培训班"打鸡血",自己则深陷于"内卷教育"和"鸡娃"大战中。可以说,"鸡娃"就是举全家之力,将所有的关注和资源都倾注到一个

---

① 杨立新.中国百年民法典汇编[M].北京:中国法制出版社,2011:348.

孩子身上,这种以"倾注"为表现的过度关注必然带来父母对子女的行为控制和情感控制,以至于子女在学业上稍微表现出一点不如意,都将成为压垮父母的情绪"稻草"。

对比封建社会和新文化运动两个时期,新中国成立以来一个最重要的改变就是:围绕学习所展开的行为控制以及对子女学业成就寄予的高期望,让家长在强调子女多花时间努力学习的同时,自身也往往付出更多的精力和时间来帮助子女学习。然而这些过多过高的期望、将自身精力甚至事业一厢情愿地"捆绑"在子女身上,何尝不是一种情感绑架和控制呢?

多伦多大学心理学系的名誉教授格鲁塞克等人在《育儿认知与儿童成果:儿童价值观内化的概述与启示》开篇就提到:父母控制在东亚国家相比西方国家更普遍。[1] 已有关于父母教养的研究中,许多研究者认为,受儒家思想以及集体主义文化根基的影响,中国父母对子女的教育往往表现出更多的专制成分与家长制作风[2]——这些普遍来自20世纪末西方学者的判断未免偏颇,且不太符合中西思想不断撞击融合的时代特征。

然而,不可否认的事实是,在面对竞争日益激烈及家庭中孩子数量减少的社会现实时,父母对孩子学业成绩的重视以及对其高投入高控制的行为确实已经到了无以复加的程度。这一状况甚至快速成为新时代具有中国特色家庭教养的重要表现。

---

[1] Grusec J E, Rudy D, Martini T. Parenting Cognitions and Child Outcomes: An Overview and Implications for Children's Internalization of Values [M]//Grusec J E, Kuczynski L. Parenting and Children's Internallization of Values: A Handbook of Contemporary Theory. New York: Wiley, 1997: 259-282.

[2] Chen H, Lan W. Adolescents' Perceptions of Their Parents Academic Expectations: Comparison of American Chinese-American, and Chinese High School Students [J]. Adolescence, 1998, 33 (130): 385-390. Ho D Y. Traditional Patterns of Socialization in Chinese Society [J]. Acta Psychologica Taiwanica, 1981, 23 (2): 81-95. Ho D Y F. Chinese Patterns of Socialization: A Critical Review [M]//Bond M H. The Psychology of the Chinese People. Hong Kong: Oxford University Press, 1986: 1-37.

第三节　不平等关系是如何合理化与合法化的

在前文关于这种不平等地位的论述中，反复出现了家族本位的宗法制度、父权、君权、礼制的维护等词，那么，它们之间的关系究竟如何？这种不平等关系是怎样实现合法化的？其背后的机理如何？为此，要探究控制型教养如何发展成为一种极具中国本土特色的社会化教养方式，破解它的底层生成逻辑，必须将其放在古今中外思想史发展的脉络下进行。

一、父权礼制与行为规范捆绑，赋予不平等关系合法性

在儒家所推崇的五伦之中，父子之伦具有最基本的核心价值。而父子之伦的稳固有赖于孝道观念的宣扬。正因为如此，才有观点认为"孝"是中国家庭阶级的象征，也是父权专制的象征。那为什么家庭中要有阶级，要有父权？这就牵涉到儒家大力推崇孝道背后的智慧了。

首先，父权即赋予父亲家庭中的最高地位和权力，这有助于家庭纷争的处理。"如此，凡家庭中的一切冲突，一言及孝，就都可无形消弭了"[①]。这也是为什么从伦理上说，"孝"是处理纵向血缘关系的行为规范。但是在古代社会，"孝道"即荀子所提的"子道"，它是一把维护整个封建社会宗法制、父权制乃至君权制的"利刃"，"刀口"只朝向子女，对为人之父应当如何却缺乏基本的规范。

其次，父权是皇权的代言。在儒学的价值体系中，皇朝不是由一个个独立的人组成的，而是由一个个独立的以血亲关系为纽带的家族组成的，所以血亲关系是皇朝的基石。基于这种认知，保护血亲关系实质上正是保护皇朝和"国家"。所以，对于"孝道""君君臣臣"这些理念，皇朝自然要从律法上予以保护。这个道理很简单，因为在家国同构的背景下，一个人如果对自己的父亲"不孝"，对自己的家族"不忠"，那么作为他的家人、家族成员，又当如何接纳这个背叛至亲的人呢？作为他的朋友，又怎会相信他会忠于朋友间的信义呢？同样的道理，君王也很难相信他会忠君体国。

综上，封建社会父母对子女的行为控制涉及个人基本权利的方方面面，尤

---

① 宇培峰. "家长权"研究 [D]. 北京：中国政法大学，2011.

其是在律法的认可和保护之下，子女对父母形成了高度的依赖共生关系，是执行家长意志的"工具人"。法律和道德双重捆绑的方式让子女放弃其在家庭中的独立地位，顺从于家长；由家及国，则将每一个家庭中"子"对"父"的"从"推演到"臣"对"君"的"从"，正是在维护皇权的过程中，家长对子女所有的"控制"都被赋予了合法性地位。更为可怕的是，法律和道德还要求子女不但不可反抗，还要以"孝"来回报这种"控制"，以彰显自己超越本能的"仁心"道德。

二、超本能之爱与德行伦理捆绑，赋予不平等关系合理性

"孝"在亲子关系中被赋予人之为人、区别于禽兽的内在规定性，更是人"最为天下贵"的伦理保证；"孝"体现了对生命之源的敬畏，也确保了生生不息的生命之链永恒传递。作为现代新儒学代表人物，唐君毅注重对儒家"礼乐精神"的弘扬。他在"家庭意识与道德理性"中多次谈及"孝"的问题。他说，"人当孝父母之理性根据，不在父母对我是否爱。父母爱我，我固当报之以孝，然父母不爱我，我仍当孝父母。固谓人之孝父母，根本上为返于我生命所自生之本之意识"[①]。这样一位对"人文合奏之谐乐的向往"之人，对于"孝"意识的思考自然带有一种理想和超越的色彩。不仅如此，他还具体提到"孝之作用有两方面，一方面是求超越现实之我，而以父母为我，以超越本能生活，实现超越的我。一方面是透过父母与超越的我，以印可本能生活，使本能生活含有意义，升华为道德生活，而孝遂为统一超越的我与有本能欲望之现实之我之生活，以成为一整个自我之道德生活"，"子对父母之孝思，表现现实境之在理想境前之企慕。父母对子女之慈爱，表现现实境之趋于实现理想境"[②]。

所以他总结道：慈爱之根为本能之爱，而孝思之根为超本能之爱。"子女之孝思，恒表现为子女在父母前忘我。故父母感子女之孝思时，即真意识及子女之纯精神性之活动。""由是而父母慈爱转为对子女之孝思本能之一种爱。由此可培养出他种对子女之精神之爱。父母以子女之孝思或精神为慈爱之对象，父母之慈爱即渐化为一种超本能之慈爱。由是而父慈子孝之关系，亦成为纯道

---

① 唐君毅. 文化意识与道德理性（一）[M]. 桂林：广西师范大学出版社，2005：42-54.

② 唐君毅. 文化意识与道德理性（一）[M]. 桂林：广西师范大学出版社，2005：47.

义之关系。"[①] 在他看来，子女对父母的"孝"意识反映了子女对父母超本能的爱。

在中国的集体文化意识中，不孝是一种道德亏欠、人所不齿的行为。而在家国同构的背景下，律法也对孝道的推广起到了积极的作用。比如汉代提出"以孝治天下"的口号。东西两汉除了汉高祖刘邦、光武帝刘秀以外，所有皇帝的谥号当中都有"孝"，"孝"成为彰显皇帝德行的必不可少的要素。不仅如此，汉代的政治制度中还兴起了"举孝廉"的人才选拔制度，在乡村也设立了"孝悌力田"的官职；政府还将鸿杖（也叫王杖）颁发给70岁以上有功德的老人，以示奖励；皇帝则以诏书的形式将这种尊老措施上升为法律，使之成为中国最早的养老制度。

我国现存最早最完整的法典《唐律疏议》明确把"不孝"列入"十恶"重罪之中；宋代的儒家学者则把孝悌理论与地方乡里的孝行孝事相结合，用通俗易懂的形式如诗歌《王氏孝义歌》、歌咏形式的《孝悌歌十章》、乡规民约《孝父母三十二章》、劝孝诗文乃至家训家礼等普及"孝道"义理。然而，元代以后，孝行呈现一种极端化甚至反人性的发展态势，以民间广为流传的诗选集《二十四孝》为代表，其中所涉及的"扼虎救父""恣蚊饱血""郭巨埋儿"等故事，无不是倡导以自我牺牲、压制意志乃至牺牲他人生命的行为来践行"孝道"。明清以后，这种极端行为愈演愈烈，戏曲剧本中甚至出现了"君要臣死，臣不得不死；父要子亡，子不得不亡"和"天下无不是的父母"等台词，"孝道"一度从家庭伦理演化为社会政治伦理，成为维系个体与家族之间关系乃至对国家、君主"忠"的重要政治手段，而当亲子之间基于人性和天伦之道的和谐关系被扭曲和割裂时，"孝文化"即沦为封建等级制度的"遮羞布"。

总而言之，以孔子为代表的儒家学说把孝悌作为"仁"的根本，以孝悌为荣，甚至将其作为人区别于禽兽的本质特征。而在"忠孝一体"的思想背景下，封建统治阶级也通过制定法律来强化孝道，以获得利益，这意味着子女只有无条件遵从父母的想法，才被认为是孝顺的、有道德的。倘若子女行为违反了父母的期望，将会受到整个社会集体的谴责，甚至是律法的严厉惩罚；同时，"尚荣知耻"的文化传统则通过让子女产生内疚和羞耻的方式来进行情感和行为上的控制。正是从这个层面而言，儒家对孝道刻意的宣扬与提倡，实际上是将原本没有功利性目的的天性的爱与互动转变成了一个工具。

---

① 唐君毅. 文化意识与道德理性（一）[M]. 桂林：广西师范大学出版社，2005：51.

第四节　控制型教养方式在当代的合理性基础及破解路径

一、反哺交换：控制型教养的功利性诉求

前文已经讲过，控制最直接的一个目的就是"恭谨顺"，父母通常以此来维护自己的权威。时至今日，无论家庭还是学校，父母或者老师仍然将"听话"作为对孩子行为的规范要求，就像鲁迅曾尖锐指出的那样，"仿佛一个奴才，一个傀儡，然而父母却美其名曰'听话'"[①]。

尽管知识的后喻型以及城市化的发展使家庭内部的利益结构发生变化，老人在家庭中的权威地位正在丧失，传统尊老的"孝"文化受到冲击，在一定程度上动摇了人们"养儿防老"的理念，但实际上，"孝"文化并没有消失，只是发生了嬗变，从以往绝对权威服从转向平等亲情与辈分权威两个维度并存的二元模式。在传统价值观念和现实生活压力的共同作用下，子女对老人的赡养行为在内容上发生了一定程度的改变，人们更认同"互惠性孝道"（强调亲子之间自然产生的亲密状态与情感表现），然而这未能从根本上改变整个社会以"物的依赖性"为主的风气的影响。可以说，家庭内部"工具型"的亲子关系从未改变。鲁迅曾直接批判这种带有利益交换的爱，认为"抹煞了'爱'，一味说'恩'，又因此责望报偿，那便不但败坏了父子间的道德，而且也大反于做父母的实际的真情，播下乖剌的种子"[②]。

可以说，"控制—树立权威—利益交换"这条路径从古至今都有顽强的生命力。说到底，这其中良好的亲子关系都只是工具，终极目的由之前的孝顺（忠君）、防老过渡到了成就一番事业、防老。

不同的是，在古代，亲子关系与君权的维护相捆绑，整体的作用模式是"控制—树立权威—孝顺—防老"；而到了新时代，亲子关系与社会主义建设事业相捆绑，整体的作用模式是"控制—建设社会主义事业—互惠"。

---

① 鲁迅. 拿来主义[M]. 成都：四川人民出版社，2017：74.
② 王景山. 理解孩子，指导孩子，解放孩子——读鲁迅《我们现在怎样做父亲》[J]. 父母必读，1993（4）：30-31.

所以，这个完整的利益交换链条如下：孩子是软弱无知的，父母要负责操持（控制）一切—成就事业—赡养反哺。

二、集体权威：控制型教养的生长土壤

为了塑造"仁人之心"，我国古代人要学"礼"。"礼"就是"仁"的人文形式，"仁"和"礼"共同构成了我国古代社会的人文结构。① 而在集体主义环境下，"仁"就是要将个人奉献给他人或集体，所以，我国的文化传统特别强调整体意识、集体权威；这无疑有助于培育共同的文化信仰、恒久的国家信念与深厚的民族信心。

近些年，新冠疫情之所以在中国能得到有效控制，正是受益于这一集体主义制度的优势，但它也可能导致边界不清的问题。以《老年人权益保障法》为例，其第14条规定，赡养人应当履行对老年人经济上供养、生活上照料和精神上慰藉的义务，照顾老年人的特殊需要。问题是，赡养属于事实层面，法律确实需要做出这样的界定，但"精神上慰藉"属于情绪层面或者说精神层面的内容，法律条文如果做出这样细致的干预，要求子女在精神上照顾父母的需求，这背后就有属于中国特色的"大家长"风范。正是从这个层面而言，集体主义在一定程度上为家庭中的父母如何维护权威树立了榜样示范。值得注意的是，国家领导人习近平总书记在近几年的相关表述中提及："要把弘扬孝亲敬老纳入社会主义核心价值观宣传教育，建设具有民族特色、时代特征的孝亲敬老文化。"这里的表述是孝亲敬老，而非孝亲顺老。此后在专门的讲话中，他还进一步解释了"孝亲敬老"的内涵——"引导全社会增强接纳、尊重、帮助老年人的关爱意识和老年人自尊、自立、自强的自爱意识"②。

总而言之，在以集体主义为导向的社会，人们往往强调维护社会秩序和社会稳定，以及维持和谐的团体人际关系。这种中华民族共同体意识的文化优势延伸到家庭内部，就是强调父母的权威地位以及子女的服从与顺应，而适当的控制有助于培养一种相互依赖的和谐人际关系，进而帮助孩子实现其社会化过程；然而这种控制一旦失去平衡或者超过一定的限度，就可能导致家庭中亲子关系边界不清、子女无法从家长的掌控中获得独立等弊端。

---

① 吴国盛. 什么是科学 [M]. 广州：广东人民出版社，2016：33.
② 党委领导政府主导社会参与全民行动推动老龄事业全面协调可持续发展 [J]. 中国社会工作，2016（14）：4-5.

三、"小大人"儿童观：控制型教养的合理化依据

儿童观这点我在前面较少提及，因为它在政策制定中的直接痕迹很少，但它实际上也相当重要，它深植于中国封建社会的政治、文化、宗法制度，是中国传统文化的产物。"国本位""家本位""父本位"的封建伦理纲常，反映了儿童的卑下地位。从这个意义上讲，儿童就是"国""家""父"的从属，是成人的缩影，而成人则是社会理想人格的现实代表。

我国社会长期存在一种"小大人"儿童观。"小大人"儿童观属于一种"规范"取向，即认为儿童应该服从各种规范。如朱熹认为儿童只要遵守《童蒙须知》中所列的"必须"事项，熟读经书，就能成为大贤之人。"小大人"儿童观主要指人们尚未发现儿童期的特殊意义与价值，仍自觉或不自觉地把儿童看作缩小的成人，用成人的标准来要求儿童的一种思想观念。

已有零散研究表明，在家庭层面，许多儿童被成人化，被父母看作补偿自己未实现愿望的人，沿袭了我国传统社会希望儿童成为"小大人"的观念。一方面，学校教育体系中长期累积的是一种"成功"文化，考试、分数、排名、升学率等，让儿童从幼儿期起就进入了竞争的轨道；另一方面，成人害怕儿童释放自身质疑权威、知识、社会地位的某些力量和能量，他们将受挫的欲望及不适投射到儿童身上，将自己的模式强加于儿童。① 更为糟糕的是，学校与家庭共同制造了弥漫整个社会的"童年恐慌"，它主要表现在以下几点。其一，儿童在家庭生活中较少有发言权、参与权，中国父母对孩子的要求就是守规矩、服劝导、无异见。正如美国前总统尼克松在《领袖们》中谈到的，"中国的教育制度从小把他们训练得十分驯服，从小灌输要听大人的话的思想，不允许有独立见解，更不允许像爱因斯坦自称的'离经叛道'，这种教育方式只能培养出守业型人才"，"但却失去了中国的达尔文和爱因斯坦"。其二，中国孩子的选择权、自主权较少，许多事情都只能按父母的意愿去做或由父母包办代替。其三，中国父母在家庭里往往以权威角色出现，与孩子的距离较远。其四，中国孩子的隐私权常常受到侵犯，比如书包被搜查、日记被偷看、行动被跟踪等。

---

① 弗朗索瓦兹·多尔多.儿童的利益——学会尊重孩子[M].王文新，译.上海：上海社会科学院出版社，2012：37.

尽管改革开放以来，在中西思想不断碰撞融合的背景下，中国开始接受西方国家的思想，也意识到了儿童的差异和个性，认为人在与环境的互动中具有主动性和差异性，但是很多父母仍然认为，孩子小，不懂事，需要父母来教，在孩子成年前仍然较少给予其自由及主动权。而由于文化的继承性与延续性，这种儿童观在一些家庭中至今仍然留存。

四、破解路径：社会安全感的提供

控制的背后实际上是安全感的缺失。一些学者认为，人类最大的恐惧之一就是失去控制，人类最强的动机之一就是拥有对我们生活的控制，获得并保持一种控制感。[1] 问题是，排除个体的差异性特征，一个已然成家立业的成年人为什么会仍然缺乏安全感呢？

首先，高速的经济增长和快速的城市化进程带来了一系列社会安全问题和环境恶化问题。这些问题不仅影响了民众的生活质量及生活感受，更为重要的是带来了人们在安全方面的担忧。中国社会科学院社会学研究所的一项全国抽样调查数据显示：被调查的中产阶级中，72.8%的人认为"食品安全"没有保障，54.6%的人认为缺乏"个人信息、隐私安全"，48.3%的人认为缺乏"生态环境安全"，39.8%的人认为缺乏"交通安全"，28.5%的人认为缺乏"医疗安全"，22.5%的人认为缺乏"劳动安全"[2]；人们认识到既然无法消除风险，就只能尽量避免风险或控制环境规避风险，而对"物"的无限制占有可以在很大程度上提升这种安全感，这就让人们对物质欲望和更高的社会地位有着更加强烈的欲望和冲动，人与人之间的关系更加疏离，这直接表现在与他人交往时，首先考虑对方是否有价值，把自我当作"目的"，把别人当成实现目的的"工具"；这种情况反映到家庭亲子关系中，即父母倾向于让子女成为平和自己情绪、实现自己未能如愿的人生梦想的"工具"。

不仅如此，中国正在从"熟人社会"转向"陌生人社会"，在新的陌生环境中，诱拐、欺凌等事件时有报道。父母对社会的安全感降低，势必会影响亲子关系边界。家长会为了保障孩子的"绝对安全"，过多地参与孩子的生活。家长常采取的保护手段有偷看孩子的日记或手机以确保孩子没有和一些"坏孩

---

[1] 于国庆. 大学生自我控制研究 [D]. 上海：华东师范大学，2004.
[2] 李春玲. 中国中产阶层成长中的烦恼与压力 [J]. 人民论坛，2016（27）：64-67.

子"交往、过度限制孩子的出行、过度夸大环境的危险性并灌输"只有和父母在一起才是安全的"观念等。在"陌生人社会"背景下,家长通常以"安全"为由,以牺牲亲子关系边界为代价,换取孩子生存的安全指数上升。

其次,随着社会结构剧烈变化、利益多元化,人际间信任度下滑。尤其是 20 世纪五六十年代"举报文化"的盛行,一度伤害了家庭成员间的血缘亲情和信任感。新中国成立以来,全社会一直鼓励和奖励"大义灭亲"行为——1979 年的刑诉法第 48 条更是直接规定了公民有绝对作证的义务,即作为犯罪嫌疑人的家属没有沉默权,如果不检举、揭发、作证亲人的犯罪行为,将导致自己可能因"包庇罪"受到法律的惩罚。维护公共安全固然重要,但如果因此牺牲了血缘亲情,那么这个成本未免太高,因为它挑战的是父母与子女间原本最稳固与天然的情感与伦理,带来的可能是基本信任关系的崩塌。当然,这一倾向在 2011 年 8 月十一届全国人大常委会第二十二次会议后已被修正,当时媒体铺天盖地地报道并称颂"不再鼓励'大义灭亲'是法律回归了常识轨道","是社会的进步",但类似的可能导致社会整体信任危机的管理方式仍然值得人们警惕。

需要特别说明的是,在对亲子关系不平等的各种质疑声中,有一个关键问题不容忽视,那就是责任。在中国文化语境中,不平等的背后实际上是中国父母为子女、为家族乃至国家背负的使命与责任,控制其实是要维护一种秩序感,因为只有每一个人都在秩序中做好自己,成为有序整体的一部分,才能推动整个社会、国家的有序发展。正是从这个角度而言,这种外在表现上的不平等,在内核里却是完全自洽的。

所以,不同于西方国家一味地强调个体,仅考虑权利"往哪里去"而不考虑权利"从哪里来",中国父母始终把"责任问题"纳入"平等"问题的考虑范畴,这是真正意义上对平等内涵的追寻。

总而言之,控制型教养方式尤其是过强的心理控制,会严重影响子女的心理健康和发展。要破解这一教养方式,首先,国家制度要从各个层面为成年人世界提供社会安全感,这样才能解除父母对子女学业成就差强人意的后顾之忧,进而从"养儿防老"的利益交换诉求中解脱出来,重建社会的整体信任感;其次,需要一场真正意义上属于中国的儿童平权思想文化的引领,这里所谈的"属于"绝不意味着只是发生在中国,而是在继承传统的优良的孝文化家风基础上,秉持每个家庭对集体、社会的责任和使命感,营造边界清晰、平等的家庭养育氛围。这种平等而非控制的教养方式意味着家长的教养观念更加纯粹、教养行为更加平等、教养风格更加平和。

第二章 西方解决亲子冲突的"利器"有哪些

20世纪70年代以来,美国家庭教育领域的蓬勃发展对我国家庭教育市场产生了极为重要的影响。这种影响大致可以分为两种发展趋向。

一种是从脑科学的角度谈家庭教育如何支持孩子个人的成长,其以儿童精神病学家丹尼尔·西格尔的《全脑教养法:拓展儿童思维的12项革命性策略》《去情绪化管教:帮助孩子养成高情商 有教养的大脑》和阿尔弗雷德·托马迪斯提出的"托马迪斯效应"以及唐·坎贝尔的《莫扎特效应》等为代表。其中,《全脑教养法:拓展儿童思维的12项革命性策略》主要提倡的是用全脑教养12法整合上下脑、左右脑、记忆自我功能等,将日常的亲子互动转化为发展儿童情商的行为;《莫扎特效应》则主要依靠发掘音调和韵律与大脑乃至身体之间的连接来促进孩子发展。显然,这种发展趋向偏专业性特征,甚至一度延伸到了特殊教育的范畴,是普通大众市场所很难触及的领域。

另一种则是从日常改变亲子沟通交往的方式入手,帮助促进孩子学习、情绪和行为的发展。由于这种趋向更加日常和普遍,受众面更广,因此受到市场的追捧。在这些五花八门、令人眼花缭乱的亲子沟通指导工具中,我遴选出了四套极具代表性的工具,而对"代表性"的解读标准主要从三个数据出发:第一,它在中国家庭教育市场的高占有率;第二,它在全球市场不断被翻译成多国文字的影响力;第三,它在全球出版发行总量的高占有率。最终,我挑选了《正面管教》《如何说孩子才会听 怎么听孩子才肯说》《非暴力沟通》《父母效能训练(PET)》四套工具。[①]

接下来,在本章中我将对它们做出系统的梳理及评价,以便读者对全球亲子沟通的工具特征有一个全局性的了解与把握。

---

① 这里的排名不分先后。

第一节　溯源：西方亲子沟通工具产生的背景

一、理论背景：儿童心理学与人本主义心理学的发展

这个时期家庭教育理论的发展与三个重要的思想直接相关。

第一个是儿童中心主义教育思潮的兴起。追溯起来，它产生于文艺复兴时期人文主义思想的发展，这一过程的历史轨迹如下：首先经由夸美纽斯等人对儿童价值的肯定（儿童是上帝指定给父母的永远不灭的独特财产）而"发酵"，唤起了人们对儿童作为个体的"人"的重视，此后洛克在他的传世之作《教育漫话》中，明确提出了民主的家庭教育以及父母和儿童间的平等关系，为儿童的生命意义注入了现代化意蕴；而紧随其后的卢梭则进一步指出将生命成长的权利归还儿童，强调对儿童自然天性的尊重，并提出了自然主义教育的主张，这便是儿童教育发展史上具有里程碑意义的转折点——它第一次真正唤起了人们对儿童的关注、对儿童成长规律的关注。

自此之后，许多教育家不同程度地继承和发展了卢梭关于尊重儿童及顺应儿童天性发展的思想。19世纪后期，随着对旧教育的批判，这一思想逐渐演变为与进步教育运动相呼应的儿童中心主义教育思潮。儿童中心主义教育思潮对20世纪前半期的家庭教育乃至当代家庭教育都产生了深远的影响，推动了家庭教育理论与实践的发展。

第二个是儿童心理学的发展。在此之前，受宗教思想的影响，西方早期的儿童观将儿童视为生来有原罪、需要严加管教以免更为邪恶的人。直到19世纪80年代以后，以1882年德国生理学家和实验心理学家普赖尔出版的《儿童心理》一书为标志，人们才开始用较为系统的观察和实验方法研究儿童心理，揭示儿童心理发展的一般规律和儿童各年龄阶段的心理特征。

受自然主义教育运动和进化论的影响，科学的儿童心理学产生，教育家开始试图运用进化论、心理学重新探讨教育现象，教育心理学化的趋势开始形成。在这个阶段，儿童心理学最重要的成果在于对儿童特质和童年意义的发现。精神分析学派、习性学派等理论学派都提出了有关儿童特定发展阶段和规律的学说，而这其中有关儿童发展关键期的观点引发了人们对早期教育的关注和热情。其后更有欧洲新教育运动的杰出代表蒙台梭利提出了关于尊重生命成

长的需要和源于生命内部发展动力的教育理念等，为现代家庭教育科学生命观奠定了基础。这些教育主张的共同特点是继承了卢梭及其追随者"以儿童为本位"的教育心理化的思想，强调儿童的天性、本能和独立性的发展，它们最终形成了风靡欧美各国的新教育观。

第三个是20世纪五六十年代人本主义心理学的发展。在这之前，虽然有行为学派和精神分析，但它们要么无视人的内在本性，要么过于强调病态的行为，而缺乏对行为的意义、正面的成长和发展的探索，以至于大部分家长主要以威胁、吼叫、打骂等教养方式来解决与孩子间的关系冲突。人本主义心理学对此所做出的最重要的理论贡献在于：它强调人的正面本质和价值，强调人的成长和发展，认为协助性人际关系有助于人的成长。而这里的协助性人际关系是指在人际交往中，至少有一方希望促进他人的成长、发展、成熟，改善人际关系，并提升和他人相处的品质。迁移到家庭教育中，它意味着只要父母有意识地去建立这种相互协助的亲子关系，孩子就可以成长为有健全人格、有自制力、有责任感和有爱心的人；父母也可以更加轻松自在，获得更多的自由和成长，成为有效能的父母。

总而言之，儿童中心主义教育思潮的兴起与以人本主义为指导的教育心理学化趋势的流行，极大地促进了这一时期家庭教育理论的发展，让局限于文艺复兴时期理论思辨范畴的儿童研究冲出"重围"，开辟了一条建立在实证研究基础上的科学认知路径。它不仅生动真切地揭示了儿童的特质、儿童身心发展的规律和特点、儿童现实和潜在的能力以及童年的意义，更为重要的是，它使人们对儿童的看法发生了根本性的改变。

二、社会契机：人权运动以及现实需求

20世纪中期，人权运动的发展改变了以往亲子关系中成年人以让孩子服从和顺从为目标的管教方式，更强调人与人之间的平等，即认为成年人对孩子的引领和指导尽管仍然重要，但是孩子应该得到同等的尊严和尊重。而在亲子养育过程中，父母在以爱的名义给予孩子太多的同时，却忽视了对孩子的责任感和上进心的培养，以至于在很长一段时期内，家庭教育的普及和发展陷入过于严厉和过于骄纵两种极端。

1948年《世界人权宣言》的颁布，直接促成了1959年《儿童权利宣言》的产生，它代表了这一时期儿童权利理论的主流观念。尽管如此，工业社会看重的是儿童作为国家人力资源储备的重要价值，因此相关理论实际上仍带有明

显的功利性动机；直至 20 世纪六七十年代，西方社会出现了儿童解放运动，人们才将关注点从成年人对儿童的保护转向了儿童自主性、自决权的基本诉求。于是，儿童是自主的、有能力的个体这一观念得到人们的普遍接受，儿童作为独立个体参与社会和政治生活的观点也逐渐成为儿童权利话语的主流。

尽管如此，儿童权利观的传递并非一帆风顺，这其中出现了解放论和保护论这两种具有代表性的不同观点。其中，解放论者认为成年人实际上通过保护儿童树立成年人的权威，是对儿童的压迫、控制和歧视。在此基础上，他们提出了解放儿童的观点，倡导成年人与儿童平等地沟通对话，为儿童争取与其他社会成员平等一致的地位。这一派的主要代表人物有约翰·霍特、理查德·法森以及苏拉史密斯·费尔斯通等，例如，理查德·法森将儿童自决权视为其他权利的根本性前提。在他看来，儿童与成年人一样，必须在与其相关的所有事务中拥有决定权；同时，为了防止对儿童使用与成年人不同的标准，他提出儿童应该拥有选择自己家庭环境的权利、信息权、教育选择权、性自由权、工作权、政治权等。约翰·霍特同理查德·法森的观点基本一致，他也提出儿童应该拥有投票权、工作权、财产权、保障收入权、选择监护人权、旅行权、驾车权、控制自己性生活权、药物使用权、承担全部法律和财政责任的权利、控制自我学习的权利等。

与此同时，受西方"新自由主义"思潮的影响，一些学者开始回归古典自由主义对个体自由的推崇，他们质疑儿童权利的合理性以及国家对家庭干预的正当性，并且深受传统权利理论的影响，他们对解放论提出的儿童权利清单进行了猛烈抨击。这一思想主要的代表人物有弗朗西斯·施拉格、杰弗里·斯卡里等，他们通常被称为儿童权利的保护论者。他们基于发展心理学的一些实证研究结果，认为儿童是脆弱、无知、非理性、缺乏推理和理解能力、不能自我控制的，认为儿童无法独立自主地做出理性的决定，没有能力进行自我保护，因此需要成年人为其做决定，为其提供积极的保护，促进儿童的利益和福祉。他们认为前述赋予儿童投票权实在过于荒谬，因为儿童缺乏成熟的能力，并不能有效行使这一类与年龄、能力直接相关的权利。

面对儿童权利解放论者与保护论者之间的分歧，一些学者试图"居中调和"，如弗里曼区分了儿童福利权与儿童自由权，认为前者是与儿童保护相关的权利，而后者则指向儿童的自决权。罗杰斯则区分了受抚养权和自决权。受此影响，西方儿童权利的法律规范、决策以及实践也开始游走于保护和自治之间，在保护与自治的冲突中艰难地寻求平衡。

总之，正是在上述系列儿童人权运动的推进下，国家对儿童发展进行干预的着力点也发生了转变——开始通过支持家庭来保护儿童。相应地，儿童权利话语得到了实质上的极大扩张，儿童福利制度得以完善。

此外，我们还需要考虑的一个大的时代背景是：20世纪60年代，大量临床心理学家在长期临床实践中发现，青少年心理问题是亲子沟通方式不当导致的结果。但是，"一对一"的咨询方式毕竟影响范围有限，很多家庭都是在孩子出现很严重的心理问题后，才意识到先前的亲子沟通方式存在问题，于是，一些敏锐的青少年心理咨询师萌发了通过教给父母新的教育理念与沟通技巧以减少亲子冲突的想法。

同时，纵观当时的市场，大多关于亲子教育的教材只是描述了家长应该为孩子做哪些事情，而鲜有专门的著作从操作性层面更详细地解释如何才能达到这些目标。这就让家长们仍然不得要领，一方面无法做到灵活运用，无法了解技巧背后的实质和内涵；另一方面由于行为的惯性力量，很容易回到过去的以控制和惩罚为目标的沟通方式中。

正是在上述背景下，西方理论和实践界都产生了寻找一种肯定个人尊严和人性的亲子沟通的操作性方法需求。这便是20世纪七八十年代以美国为首的西方国家在管教孩子、亲子沟通的研究领域出现"井喷"现象的缘由。之所以称为"井喷"，是因为迄今为止，影响家庭教育的重要工具、方法论仍然主要来源于那个时期。

第二节 个性特征：风靡全球的西方亲子沟通工具

需要说明的是，这四套风靡全球的亲子沟通工具每一个都有一长串辉煌的"履历荣誉"。为此，本节对它们的介绍顺序基本遵循"先来后到"的历史发展轨迹。

这四套工具中，最早系统创建改善亲子关系工具的是托马斯·戈登博士，他早在1962年就开发了父母效能训练的相关课程，并于1970年正式出版相应的专著《父母效能训练》（*Parent Effectiveness Training*，简称P. E. T）。而《如何说孩子才会听 怎么听孩子才肯说》（以下简称《如何说》）是在1980年首次出版的。《正面管教》于1981年首次出版。《非暴力沟通》著作的首发时间目前尚无确切考据，但其提出时间是在1963年。尽管如此，我仍然将它放在最后来介绍。这是因为它在创建初期面向的是学校项目人际关系冲突的处理，而非家庭教育领域亲子关系的处理。只是后来人们在使用的过程中发现了它对于改善亲子关系具有有效性，它才在家庭教育领域得到认可和普及。

换言之，前三套工具是因为在专门的亲子沟通领域所发挥的功用被其他领域熟知而"出圈"，《非暴力沟通》则相反。为了表示对核心领域的尊重，我将《非暴力沟通》放在最后来介绍。

这四套工具中，《父母效能训练》的作者托马斯·戈登与《非暴力沟通》的作者马歇尔·卢森堡都是卡尔·罗杰斯的学生。这时我们就会发现导师对其学生所产生的深远影响——两本书中的很多内容在方法论层面的底层思维上其实是一致的。所以建议对此有"深挖"兴趣的读者，可以先从他们老师的经典之作——《个人形成论》《论人的成长》读起，这样更能理解这两位理论实践家方法论背后的理论根源。其他两套工具也有类似的经历，我在介绍时都会有意识地介绍他们的师门或者理论基础，以方便读者进行拓展阅读。

一、托马斯·戈登与《父母效能训练》

《父母效能训练》的相关信息如图 2-1 所示。

1. 创作背景

20 世纪 60 年代，美国社会动荡不安。戈登博士作为一名临床心理咨询师，专门从事青少年心理问题咨询。在长期的临床实践中，戈登意识到，青少年出现行为和心理问题大部分是因为亲子沟通方式出现了问题，所以他萌发了通过教给父母新的教育理念与沟通技巧，从而减少亲子问题、预防青少年心理问题产生的想法。为此，他在 1962 年创办了第二次世界大战以来全球第一个以沟通技巧为基础的父母培训课程——最开始他采用在咖啡馆给 14 位父母讲授的方式来传播他的观点和方法，后来开始培训讲师，让他们在社区中讲授课程。而在历经 8 年面向父母实操讲授的锤炼基础上，1970 年相应的专著才出版，并因其创建的"戈登方法"而闻名全球。

2. 特色

第一，"戈登方法"的目的是通过提高父母效能，培养有健全人格、有自制力、有责任感、有爱心的孩子。"戈登方法"不仅教给人们有效沟通的方法，更重要的是它背后所传达的养育态度，即父母在家庭教育中遇到沟通问题时，

图 2-1 《父母效能训练》

名　　称：父母效能训练
简　　称：P.E.T
时　　间：1970年
师　　门：卡尔·罗杰斯
所 有 人：托马斯·戈登（"沟通之父"）
核心亮点：问题归属、积极倾听、我——信息"没有输家"的冲突解决办法

要对面临的问题有所反思和判断，然后耐心地积极地倾听孩子行为背后的真正诉求，同时恰当地表达父母的需求，最终在父母和孩子相互理解的基础上解决问题。

第二，这本书的精髓在于对"认识问题—行为窗口"沟通模式的创建。（需要特别指出的是，这便是促使戈登连续三年获得诺贝尔和平奖提名的"法宝"，而这样的殊荣目前在全世界只有两个人获得）戈登认为，沟通的本质不在于争辩对错，而是在那个片刻，谁想改变现状、谁遇到了问题、谁有未被满足的需求、谁要为此负起责任等。简单来说，当时谁有情绪，谁就处在问题区。只有界定了问题归属，才能选择更合适的方式去教育孩子。

第三，当人们按照问题归属原则对冲突进行分类时，会发现以下三种情况几乎囊括了所有家庭冲突产生的情形：第一种，问题属于孩子，即孩子受到问

题所产生的情绪困扰,这时家长要做的就是恰当地倾听与疏导,用"你—信息"帮助孩子打开话匣子,引导他们想办法解决问题;第二种,问题属于家长,即家长对孩子有情绪,这时家长要学会坦诚地表达"我—信息",模式一般为"孩子对家长的行为＋家长当时的感受＋对家长产生的影响",以有效表达诉求;第三种,问题属于双方,即双方有冲突,都有情绪,这时就要用到"第三法"——家庭会议法。使用此法时,家长首先要看到冲突中彼此的需求,承认孩子的需求,同时尊重自己的需求,然后双方把真实的自我放在"桌面"上来谈,加深彼此的连接,深入彼此的世界,看到更真实的对方。

3. 社会影响力

这一方法起初主要用于改善父母与孩子间的关系,后来逐渐发展成为一种改善所有人际关系的通用模式。自创作以来,它以33种语言在全球出版,英文版销量高达500万册;同时,戈登国际培训公司于1974年成立,全球50多个国家和地区每年近500万父母参加此培训课程,可以说这套工具方法经受了全球父母60年真实生活的考验。戈登本人因此三次成为诺贝尔和平奖的提名人,受邀为美国白宫儿童顾问,同时被誉为"沟通之父"。

二、阿黛尔·法伯和伊莱恩·玛兹丽施与《如何说》

《如何说》的相关信息如图2-2所示。

1. 创作背景

阿黛尔·法伯和伊莱恩·玛兹丽施是纽约市社会研究新校和长岛大学家庭生活研究所的创建者。这本书是她们在创办的学校和研究所长期与父母们一起进行实验的研究总结。她们除了在美国和加拿大各地频繁演讲外,还经常出现在《早安美国》和《欧普拉》等热门电视节目里。法伯与玛兹丽施都是三个孩子的母亲,她们已被收于美国名人录。两位作者还有许多其他家庭教育畅销书,其中,《如何说》被美国《儿童》杂志评为"家庭教育年度最佳图书",《解放家长 解放孩子》荣获克里斯多佛奖,《如何说孩子才能和平相处》荣登《纽约时报书评》畅销书排行榜第一名。

图 2-2 《如何说》

□ 2. 特色

第一，这本书围绕"如何说"（家长如何表达诉求）和"怎么听"（家长如何倾听）两个主题，再现现代家庭教育中父母容易碰到的难题场景，进行有深度的具体的步骤指导。这本书一共分为七个模块，呈现了家庭教养沟通中经常出现冲突的六种场景，它们分别是：如何帮助孩子面对他们的感受，如何帮助孩子与我们合作，如何代替惩罚，如何鼓励孩子自立，如何赞赏孩子，如何让孩子从角色中释放等。最后一个模块则是告诫家长在具体技巧中随机应变、学会融会贯通。每个场景都配有很多经典个案和操作步骤，而且案例生动、鲜活、接地气。

第二，对于"为什么孩子不愿意说"这个问题，书中给出的解释是：家长不认同他们的感受；孩子的感受和他们的行为有直接的联系；孩子有好的感受就会有好的行为。那么，怎样让孩子有好的感受呢？——关键是接受他们的感受！这是书中所有工具方法的支撑点。同时，它也强调比语言技巧更重要的是家长的态度。如果家长没有真正与孩子共情，那么无论家长说什么，孩子都会感觉家长是虚伪的；而只有家长真正共情，才能打动孩子的心。

第三，这本书认为掌握了"如何说""怎么听"的技巧，就能进入孩子的心灵世界，让孩子在家长的引导下获得身心健康发展，并强调这是一次学习爱的技巧与接受爱的训练的过程，因为它可以指引家长切身体会孩子内心的感受。书中还给出了一些具体的沟通建议，比如：改变心不在焉的态度，全神贯注地聆听孩子说话；认同孩子的感受，而非直接给出建议和帮助；将孩子的感受恰当地表达出来，而非否定孩子的感受；借助想象满足孩子的愿望而非过多解释；尊重孩子，引导孩子与父母合作等。

3. 社会影响力

该书于 1980 年首次出版，近 40 年被翻译成 30 多种文字，风靡全球且不断再版，销量超过 300 万册，并有 20 多万个亲子团队将该书以及相关辅导材料作为家长培训教材。其配套的师资培训课程（全称为"美国'如何说孩子才会听'HTT 认证讲师"）目前是国外相关资格证在中国国内普及面最广、获得人数最多的。

三、简·尼尔森与《正面管教》

《正面管教》的相关信息如图 2-3 所示。

1. 作者介绍

简·尼尔森是教育学博士，加利福尼亚州婚姻和家庭执业心理治疗师，美国正面管教协会的创始人。她是 7 个孩子的母亲。曾经担任 10 年有关儿童发展的小学、大学心理咨询教师。她不仅是 18 本著作的作者或合著者，还是众多育儿及养育杂志的顾问。

图 2-3　《正面管教》

2. 特色

书名中 discipline 一词被翻译为"管教",其实是不太合适的,这便是没有考虑中国本土文化的典型案例。因为它很容易让人将其与中国文化语境中的"管教所""管教犯人"等联系起来,进而认为是一种通过强制惩罚实现的控制手段,这就与作者的本意大相径庭了——实际上正面管教提倡的恰恰是一种建设性的、鼓励性的、积极肯定、乐观向上的引导孩子的方法。

第一,对于为什么惩罚和娇纵经常吊诡地出现在一个家庭里,《正面管教》给出了自己的解答:大部分家长认为不惩罚就只能娇纵。《正面管教》所倡导的和善而坚定的沟通之道就是找到一条既不惩罚也不娇纵的中间路线。而且尼尔森认为,孩子只有在一种和善而坚定的气氛中,才能培养自律、责任感、合作以及自己解决问题的能力,才能学到使他们受益终身的社会技能和生活技能,取得良好的学业成绩。

第二，《正面管教》的理论基础来源于个体心理学家阿德勒——他认为，孩子的每个行为都是为了寻求归属感和价值感。旧有的观念是：若想要让孩子做得更好，就先要让他感觉更糟。而新的观念是：孩子只有感觉更好时，才能做得更好。基于此，家长首先要改变自己的行为，因为是家长的行为导致了孩子行为上的问题，家长自己性格中的优缺点也会对孩子造成影响。要改变孩子的不良行为，重点是修复和孩子之间的关系，修复中包括的鼓励往往能在一定程度上消除孩子的不良行为动机、减少孩子的不良行为。

第三，《正面管教》的核心在于提倡平等和尊重，它所提供的所有育儿工具都是围绕如何帮助家长修炼和善而坚定的基本态度进行的。其中，和善的态度能避免家长过于坚定可能造成的问题，比如孩子的反叛、抗拒，对孩子自尊的挫伤等；而坚定的态度则能避免家长过于和善所造成的问题，比如娇纵、操纵父母、被宠坏的"小淘气鬼"、对自尊的挫伤等。二者之间不是非此即彼的关系，而是犹如呼吸一般相辅相成的。

第四，《正面管教》同样给出了许多经典的方法工具，譬如赢得合作的四个步骤、积极的暂停、家庭会议的方法、启发式提问、承担自然后果、帮助识别错误目的和观念的线索、运用出生顺序的知识来鼓励孩子、犯错误是学习的好时机、有效地运用鼓励与赞扬、鼓励与批评和惩罚等的联系与区别……总之，《正面管教》是一种致力于激发孩子内在驱动力、强大孩子的内心、完善孩子的人格、使孩子能成为自己的教导方式，所以整体上它严守既不提倡惩罚，也不提倡表扬和鼓励的行为规则。

❏ 3. 社会影响力

尽管相对于前两套工具而言，《正面管教》的出版时间要晚一些，但由于其配套系统的书籍很多，如《正面管教 A—Z》《0—3 岁孩子的正面管教》《3—6 岁孩子的正面管教》《十几岁孩子的正面管教》《教室里的正面管教》《特殊需求孩子的正面管教》等，基本覆盖孩子成长的各个年龄阶段，拥有学校教育和家庭教育等各种场合下"正面管教"的工具和方法技巧，因此，自 1981 年出版以来，它在美国畅销 400 多万册，还被翻译为 16 种语言畅销全球，已经成为管教孩子的"黄金准则"；不仅如此，它也拥有自己专门的资格认证证书（"美国正面管教协会 PDA 认证讲师"）。在 2014 年由中国教育新闻网、《中国教师报》联合评选的"影响教师的 100 本书"中，《教室里的正面管教》位列前十。

四、马歇尔·卢森堡与《非暴力沟通》

《非暴力沟通》相关信息如图 2-4 所示。

图 2-4　《非暴力沟通》

1. 创作背景

马歇尔·卢森堡博士早年生活在美国密歇根州的底特律市,那里充满暴力的生活环境促使他积极了解是什么让人们互相伤害,以及什么样的交流方式有助于矛盾的和平解决。这引起了他对临床心理学的兴趣。1961 年,他从美国威斯康星大学获得了该专业的博士学位。最早,他是在 1960 年以为美国联邦政府资助的学校项目提供纠纷调解和人际交往技巧培训的方式,帮助学校进行日常沟通管理工作;在此基础上,1963 年,他正式提出了非暴力沟通(Nonviolent Communication, NVC)理论。1994 年,联合国儿童基金会(UNICEF)将非暴力沟通引入前南斯拉夫的学校;之后,该理论又被引入 4 所以色列学校、

4所巴勒斯坦学校以及北爱尔兰学校；最终 NVC 理论走上了一条由国家政府、欧盟组织推广到学校具体实践的项目之路。2003 年，联合国教科文组织（UNESCO）授予其"全球正式教育和非正式教育领域非暴力解决冲突的最佳实践之一"的荣誉。

2. 特色

第一，书名"非暴力沟通"中的"暴力沟通"并非字面上狭隘的针对肉体的暴力伤害，作者认为言语上的指责、嘲讽、否定、说教以及任意打断、拒不回应、随意出口的评价和结论给孩子带来的情感和精神创伤甚至比肉体的伤害更加令人痛苦。这些无心或有意的语言暴力让人与人之间的关系变得冷漠、有隔阂，甚至敌视。

第二，本书认为，所有暴力的根源均为人们忽视彼此的感受与需要，而将冲突归咎于对方，因此非暴力沟通的精髓在于清楚地表达自己的需求与感受，使沟通双方的需求都能得到满足。它具体的操作方法是"四步骤法"：第一步，清楚地表达观察结果，而不做判断或评估；第二步，表达感受；第三步，说出哪些需要导致的那样的感受；第四，说出具体的请求。

第三，非暴力沟通的目的是帮助人们在诚实和倾听的基础上与人联系，出于对生命的爱而希望人们在思想和行动上做出改变，从而帮助个体健康成长。简而言之，它提醒人们借助已有的知识，让爱融入生活。因此，它强调沟通的大前提——感谢生活的赐予而不贪心。

第四，非暴力沟通能够解决的问题有：疗愈内心深处的隐秘伤痛；超越个人心智和情感的局限性；突破那些引发愤怒、沮丧、焦虑等负面情绪的思维方式；用不带伤害的方式化解人际间的冲突；学会建立和谐的生命体验。

3. 社会影响力

非暴力沟通作为一种交流方式，目前已在世界各地被广泛地运用于各个层面和各种环境，帮助预防和解决学校、家庭、商业、医院、监狱等环境中的矛盾与冲突。2006 年，卢森堡博士获得了地球村基金会颁发的和平之桥奖；基于此种殊荣，他成为国际非暴力沟通中心创始人和全球首位非暴力沟通专家也是顺理成章的事情。

◻ 4. 同一师门的对比评论

《非暴力沟通》中提到了两种模式①：一种是诚实地表达自己的意见，而不批评、指责；另一种是关切地倾听他人的想法，而不解读为批评或指责。而无论哪种模式，都要经历如下四个步骤：观察，感受，需要和请求。只不过在不同行为模式下，它的主体不同，前一种模式的主体是"自己"，而后一种模式的主体是"他人"。这个在底层逻辑设计上与《父母效能训练》里面提到的核心理念问题归属原则如出一辙，它们都认为当孩子的行为使得父母出现问题时，父母应该采取"面质方法"；当孩子出现问题时，就让孩子自己拥有问题（家长无须将自己裹挟进问题），并找出属于自己的解决方法，父母对孩子的协助方式就是引导孩子自己发现问题、解决问题，这个技巧称为"倾听技巧"②。它们的核心都是"你语言"和"我语言"的运用。

只是在这个层面上，《父母效能训练》比《非暴力沟通》讲得更为透彻，因为"非暴力"停留在表层操作层面的步骤，而《父母效能训练》更侧重于用"问题归属"的底层逻辑一针见血地点明两种操作步骤使用的场合。不仅如此，《父母效能训练》进一步提出了帮助家长分辨"面质方法"有效还是无效的检测方法，即"你—信息""我—信息"。具体而言，"面质方法"技巧一定都是"我—信息"，而当出现"你—信息"时一定都是无效信息；同理，倾听技巧一定都是"你—信息"，而当出现"我—信息"时也一定都是无效信息。所以，从这些对核心思想细节的解读中，我个人更偏好《父母效能训练》的理论功底与视野高度。

实际上，《非暴力沟通》的基本宗旨与《如何说》更像，它们都是通过指导我们转变谈话和聆听的方式，让我们不再条件反射地去做出反应或过度揣摩别人的意图，因为这种揣摩通常会以带来伤害的方式影响最终的人际关系。只是《如何说》特别体现了女性作者细腻的写作思路，把生活中所有可能涉及沟通的场景都做了具体步骤的规范，而且特别注重场景生活化的演练，侧重于语言的表达技巧；《非暴力沟通》则脱离了对这些具体场景繁复使用的内容，侧

---

① [美] 马歇尔·卢森堡. 非暴力沟通 [M]. 阮胤华，译. 北京：华夏出版社，2009：189.

② [美] 托马斯·戈登. 父母效能训练 [M]. 琼林，译. 北京：中国发展出版社，2015：24.

重于挖掘语言背后所蕴含的情感与期望，进而抽象出可以适用所有场景的方法根源，实现以不变应万变。

第三节　共性特征：西方亲子沟通工具的魅力

那么，这些实训工具缘何具有如此大的影响力，在近乎 60 年的时间跨度内影响了包括远在世界另一端的东方家庭教育市场在内的全球市场？归纳起来，它们有如下几点共同特征。

第一，在核心观点上，受人本主义心理学关于协助性人际关系的思想影响，这些工具都主张放弃使用让孩子畏惧的"武器"，以少发脾气、不说谎话、不再实施惩罚的方式来解决家庭问题；并宣称这套方法可以结束父母与孩子间的冲突对抗，让父母以有效、愉快的沟通方式与孩子建立亲子关系，以便让每个人在冲突中都成为赢家。①

第二，在编写体例上，作为为父母提供具体建议的实用指南，它们都兼具理论讲解、实践操作甚至小贴士之类②的功能板块，以便帮助父母循序渐进地自主学习和实践。更为重要的是，它们还直接提供给家长可以借鉴的众多情景案例，以帮助不同家庭从中选取适合自己的方法，以便"回到家中就可以开始应用"③。

第三，在受众人群上，它们都声称自己的操作方法没有文化背景的"门槛"要求，即无国界、无民族之分，而且没有年龄限制（"无论是刚会走路正寻求独立的幼儿，还是开始反叛的青少年"④都适用）。总之，适用于亲子间的全部场景。⑤

---

①　[美] 托马斯·戈登. 父母效能训练 [M]. 琼林，译. 北京：中国发展出版社，2015：9. [美] 简·尼尔森. 正面管教 [M]. 玉冰，译. 北京：京华出版社，2009：12-13. [美] 阿黛尔·法伯，伊莱恩·玛兹丽施. 如何说孩子才会听 怎么听孩子才肯说 [M]. 安燕玲，译. 北京：中央编译出版社，2007：293.

②　[美] 阿黛尔·法伯，伊莱恩·玛兹丽施. 如何说孩子才会听 怎么听孩子才肯说 [M]. 安燕玲，译. 北京：中央编译出版社，2007：2.

③　[美] 简·尼尔森. 正面管教 [M]. 玉冰，译. 北京：京华出版社，2009：6.

④　[美] 托马斯·戈登. 父母效能训练 [M]. 琼林，译. 北京：中国发展出版社，2015：2.

⑤　[美] 阿黛尔·法伯，伊莱恩·玛兹丽施. 如何说孩子才会听 怎么听孩子才肯说 [M]. 安燕玲，译. 北京：中央编译出版社，2007：3.

第四，在其产品的附加值上，尽管这些方法起初都仅用于改善父母与孩子间的关系，是针对孩子的沟通方法和技巧，但之后都发展成为一种"改善所有人际关系的通用模式"①。不仅如此，它们还以"促成越来越多的家长（尤其是父亲）参加讲座、指导小组、学习班，并且更多地承担养育孩子的责任为成功的标志"②。

第五，在其延伸产品上，每一种方法的背后都有一部专门的著作进行系统的讲解，而每一部著作的背后也支撑着一个该方略专属的国际认证讲师资格证书和一系列遍布全球的培训班与工作坊。换言之，每一套实训工具的背后已然形成一套完整的产业链。

第六，在传播的公认影响力上，每一套工具在几十年间都持续不断地被翻译成各国语言，在全球范围内多次印刷，且多次修订不断再版，其销量一直居高不下。

总而言之，这四套方法论意义上的工具在内容上都是"术"和"道"的结合，既有指点迷津的理念，又有立竿见影的实操。而之所以会有这样完美的结合，首先自然得益于各位作者长久以来在学术领域的深耕与积累（除了《如何说》以外，其他几位都是相关领域的博士），同时受人本主义心理学等相关理念的影响，这些著作可以不局限于对儿童教育发展的指导，而是可以适用于有人际关系冲突的任何场合。

此外，每一套工具的成功都是在直接面向家长的培训、授课经验的反复推敲中打磨出来的，譬如《父母效能训练》是在咖啡厅、社区为父母进行多年培训的成果结晶；《如何说》是在作者自己创办的学校和研究所与家长一起进行实验的研究总结；《正面管教》是作者自己养育了7个孩子，并担任10年有关儿童发展的小学、大学心理咨询教师的智慧结晶；《非暴力沟通》也是作者为多国中小学提供多年纠纷调解和人际交往技巧培训的结晶。所以，它们都经历了时间与实践的反复锤炼，而这正是对我们常说的"知行合一"的最佳注解。

---

① ［美］托马斯·戈登. 父母效能训练［M］. 琼林，译. 北京：中国发展出版社，2015：1-2.

② ［美］简·尼尔森. 正面管教［M］. 玉冰，译. 北京：京华出版社，2009：vi-vii.

第三章 对西方亲子沟通的"利器"为何不能奉行"拿来主义"

上一章节,我们总结归纳了四套西方亲子沟通的典型实训工具,它们风靡全球,也为正处于急剧升温阶段的中国家庭教育指导市场吹来了一阵暖风,带来了正面影响和积极意义。

这种影响主要包括以下两点:一是打破了家长对以控制和奖惩为目标的沟通习惯的依赖,揭示了传统家庭教养中父母用权威来训练孩子的局限性以及危害性,倡导了一种既不惩罚也不娇纵的中间路线;二是为家长提供了各种类型的可借鉴的标准化步骤,让家长在日常生活中能对照这些实训工具不断反思自己的行为。

然而,这些过于标准化、实用性强的实训工具也不可避免地具有"硬币的另一面"问题——它们不仅灵活性不足,更为隐蔽的是,它们实际上公然否定了在生活中真正使用它们的那些家庭的独特性和能动性,弱化了家庭的独特性和能动性的存在价值;尤其传入我国、与我国根深蒂固的父权制价值观念相碰撞时,势必会在实施过程中摩擦产生一些新问题和障碍,甚至导致水土不服、消化不良。

因此,本章将把讨论的重心放在对这几套亲子沟通工具的本质属性及适用范围的局限性上,进行理性反思,试图对它们的文化基因及政策制度背景做出全面解构,这样才能在一定程度上对它们无法被直接"拿来"使用的深层根源进行阐释。

第一节　西方亲子沟通工具的局限性

一、被工具化了的家庭教育指导方案

西方这些亲子沟通的实用工具，纵然有着很强的实践根基，或许也是解决亲子冲突的最佳秩序安排，但还是无法超越知识和技能的层面，这便容易让家长陷入对外在工具、程序和步骤进行标准化操作的求全责备中，进而让他们处于一种被动适应的状态。事实上，在家庭教育指导中，我们很难定义一种适用于所有或大多数家庭的解决方案；不仅如此，真正合适的方案也不是那些父母训练课程的讲师所能定义的，而是生活在其中并真正使用它的人或家庭来决定甚至创造的，这就需要指导师更多地去体察身边那些平凡人群的生活方式，理解他们教育孩子的理念和需求，考察其家庭成员间的关系和熟悉的交往方式等，这样才能保障指导建议是从每个家庭里自然而然生长出来的，不会带有太过明显的外在的任务性。毕竟，一切教育指导的初衷都只是发现和启迪，而非改造。

回归家庭教育指导内涵本身，它实际上更关注的是对亲子间爱的流通的感知，指向的是更高层次家庭关系的内在平衡和全面发展，而非局限于解决家庭亲子沟通问题的"术"。父母对自己成为家长的信心、稳定的情绪以及对孩子发自内心的喜爱等，在很多时候远比技巧、方法本身更为重要。因此，这种只把家庭教育指导看作某项技能的培训、过于注重指导方案工具化价值的取向，实际上是对家庭教育指导理解的矮化与局限。

此外，多场景的情景模拟以及过于标准化的案例示范，可能带来的另一个后果是家长变得懒于思考、过分依赖。实际上，如果家长只是复制和模仿这些步骤和技巧，而不主动在观念的澄清、价值的梳理上进行反思与洞悉，那么，这些步骤和技巧是很难在实施后取得真正的效果的。

二、被控制和裹挟的家长

西方亲子沟通的这些培训课程所涉及的每一种教养方式都要求家长花费专门的时间、精力和金钱去开展大量的阅读、系统且深入的学习和实践训练。尽

管它们有形式各异的讨论、角色扮演、情景演练、头脑风暴等体验式、互动式的教学活动，但究其根本，实施的逻辑仍然是家长接受行为矫正，改变习惯，进而拥有技能。坦白讲，这将会在某种程度上令家长失去自我，被裹挟在家庭和孩子的事务中；尤其是在传统家庭分工影响下，做出牺牲的可能更多的是女性，因为她们需要用工作权利来换取照料子女的时间和技巧，这实质上就变相强化了女性家庭主妇的传统角色。另一个可能的结果是，母亲如果不把时间和精力投入吸引自己的事情上，就容易把这股力量倾泻到孩子身上，进而削弱孩子的自由空间，导致与孩子产生更多的冲突。这就需要我们有一个基本的前提认知，即父母双方都应该有成就自我的机会，因为只有父母获得自我实现的满足感，才有助于提升婚姻的质量，进而提升整个家庭关系的质量，而这些认识和观念比在亲子沟通上使用各种"权术"要重要得多。

此外，家长通常不具备对各种流派加以明辨的专业背景，如何在承袭传统和追新求异间实现平衡，是一个难点。这些专著以及由此延伸出来的课程产品，都在告知家长，在子女成长的每一个阶段，亲子关系面临的挑战都不同，对家庭教育的水平要求也不同，这就要求家长不断追求各种新的观点和知识，这实质上变相地加重了家长的育儿焦虑与对不确定性的担忧。这可能导致一种极端情况：它将成为某种程度的精神控制——因为我有更多的知识储备，我懂而你不懂，我告诉你很多你不懂，所以你要为此而付费。事实上，考取这些实训工具所配套的专属认证资格证书所需花费都不菲，最便宜的"如何说"市场价格为 8000 元左右，而另外两种则为 1.2 万元到 2 万元不等。

总而言之，我想说明的是，我不否认西方亲子沟通工具的普适性和实用价值，问题在于，对于并不了解其全貌的大多数家长来说，该如何立足于中国本土文化的土壤，在拨开亲子相处层层迷雾的前提下，明确自己的育儿目标和育儿方式，不因被带跑偏来懊悔甚至质疑自己的父母职能和价值，而是找到并确定适合自己家庭亲子相处的和谐策略，这一点很重要！

三、东西方在养育文化基因上的冲突

1. 中国传统文化下父职难以建构

在基于家庭伦理而建立的中国传统文化中，照料与抚育子女的任务通常主要由母亲完成；父亲则是家庭与社会间的中介，他通常需要处理家庭与本家族、国家以及其他社会制度的关系，这就让父亲的角色在很大程度是一种带有总体性意义的社会角色。伴随着国家与社会对父职的构建，改革开放以后这种情况在一定程度上有所改变，但事实上它的改变只集中在公共领域，父亲对父职责任的承担仍以外出工作和养家为主，并没有普遍参与抚育的具体工作；即便有，也具有一定的时代性和阶层性。准确地说，这部分人主要集中于中产阶层（他们往往具有较高的学历、较高的父职自觉和自我反思），而不是颠覆性的。与此相对应的是，社会也并没有发展出对父职抚育工作的期待。

总而言之，父职角色在很大程度上仍在沿袭父辈的足迹，尤其在当代有祖辈参与抚育的家庭中，父亲深度参与抚育工作更无法成为常态。一个明证是，现在许多自媒体上的"丧偶式养育""假性单亲妈妈"等高频词汇（大意都是指父母一方——尤其是男方——留给孩子的时间极少，表面看家庭完整，实际跟丧偶差不多），这些都是女性陷入家庭反省、升级对丈夫不满的表现。因此，在父职难以建构的文化背景下，国外的这些实训工具要求父亲主动参与亲子沟通的学习，这在实际中将很难达成：据不完全统计，目前国内开展的所有关于家庭教育培训课程的学习者中，男性学员所占比例不到4%，成为家庭教育中名副其实的"稀客"。

□ 2. 父亲私密性、情感性角色难以介入

与父职建构难相对应的是，父亲作为家庭秩序的缔造者、维持者和保障者，被关注更多的是他的工具性、公共性角色，而非私密性、情感性角色。这具体表现为，父亲与子女间的关系与互动是尊卑有序的，父亲通常很少在日常的叙事中对子女进行直白的爱的表达与关怀，故而很难像西方国家一样发展出一种特别亲密的亲子关系。这不单单与中国人本身含蓄、内敛、不善表达的特质相关，从文化上而言，更多的是受到孝悌亲情和长幼有序等伦常的影响，以至于被遮蔽在儒家的"孝道""德行"等更具公共性的叙述范畴。不仅如此，儒家传统也普遍认为严父的角色态度能让子女不放纵自己，保持克制努力的紧迫感。

这意味着三套实训工具中不约而同重点强调的"家庭会议技巧"，在中国家庭里不可避免地会在实施过程中遭遇困难。因为这套技巧的实质是父母请孩子一起来寻找某种令双方都满意并接受的解决方案。在操作上，它首先需要涉及需求冲突的所有家庭成员都在场；然而，我国一些人对会议和孩子也存在一种刻板印象。比如认为会议是一种正式的形式，是严肃正经、涉及大事的，而孩子是需要呵护、照顾的，孩子还小、不懂事，与大人有别，还不具备参与大

事以及做决定的资格。所以,在中国,孩子经常是被排除在会议之外的,真正意义上的家庭会议是很少见的。其次,需要各方表达诉求,并仔细评价方案,以便最终找到一个令各方都可以接受的解决方案。这种让父亲卷入家庭琐事甚至争端的要求,在某种程度上将形成对父亲权威的挑战,导致他们不配合甚至不参与;即便参与,也可能因为多数父亲拙于对情感诉求的表达而让会议实施的效果大打折扣。

不仅如此,礼貌、和谐、友善、尊老爱幼等作为中华文明的传统美德,贯穿于孩子的教育过程。父母常教孩子与人为善、礼貌待人,尊敬帮助老人,为人谦虚,不能跟长辈顶嘴等,因此,在和长辈的交流中,很多孩子会采取谦卑恭敬的态度,不太会表达自己的观点,更不大可能反驳长辈,而这些也都不利于家庭会议的展开。

3. 血缘影响下亲子关系重于夫妻关系

通过与国家政权产生直接的政治与道德关联,儿童在当代越来越从私人领域和家庭生活中抽离出来,其公共属性越来越清晰。尽管如此,与欧美国家强调松散的个体和自由式家庭关系不同,即便是在孩子成年以后,受血缘关系的传统文化影响,中国父母与子女的联系仍然是紧密的,甚至因为经济条件的限制和抚育后代的需求,部分子女对父母仍然有很强的人身依附。

在西方文化下,亲子沟通工具在使用过程中反复强调夫妻关系永远应该放在亲子关系的前面。然而,中国血缘文化的核心是亲情,亲子之情是我国古代人民关于"爱"的最纯粹和最基本的理解,其他一切"爱"都是亲子之情的某种外延和变化。及至男女的两性之爱,实际上在历史的很长一段时间里并不被中国文化所看重,甚至还有许多婚姻观讲的是夫妻间的爱最终通过婚姻关系转化为亲情之爱。古人经常用来形容夫妻之间关系的成语——"举案齐眉""相敬如宾"——明显不是现代人所理解的两性之爱,而是被礼仪规制的血缘亲情。[①] 这也就解释了为什么亲子关系在中国总是优于夫妻关系。

所以,在中国"血浓于水"的文化里,将夫妻关系置于亲子关系之前的排序方式是难以为人们理解的,中国许多家庭的子女关系凌驾于夫妻关系之上,这甚至是中国大部分家庭得以组建的重要起点,它也解释了中国式家庭婚姻生活中大量存在的这样一种现象背后的根源:即使夫妻关系不好,也并

---

① 吴国盛. 什么是科学[M]. 广州:广东人民出版社,2016:33.

不影响二人为了孩子做出共同的牺牲,他们甚至可以在表面上营造出和谐的家庭氛围。

总而言之,西方这几套亲子沟通工具有其不可避免的局限性。

其一,强调感受,认为只有关注感受,才会真正倾听自己和他人,但大部分人会忽略感受或说不出感受,尤其中国人性格含蓄内敛,即使有感受也未必愿意大方地表达出来。比如,有时我们询问对方的感受,对方的直接反应是想都不想地回答"没什么感受",或者用"还好""还行"等笼统的方式去表达。

其二,强调观察,并强调这种观察不带有任何主观的评价,只描述自己看到的事实。问题是,国人在表达观点的时候比较倾向于带上自己的评判,以彰显自己的立场与关于是非对错的清晰的判断标准,有时甚至还会上升到道德评价;同时,受"不患寡而患不均"思想的影响,国人长期以来对公平和正义的追求也使得他们在家庭里倾向于比较,这种比较有时候是为了给孩子设立一个努力的目标,希望孩子可以向更优秀的人去学习,但实际上却容易蒙蔽我们对别人或对自己的爱和认可。

其三,强调父母自己的需要也同样重要,需要被觉察。中国很多人并不善于发现自己潜在的需要,因为个人的需要通常会隐藏在集体的需要、家族的需要里。受传统文化影响,我国很多人认为个人的需要在家族需要、集体需要面前是渺小和卑微的,甚至不值一提。

其四,强调要勇敢、清晰地表达自己的诉求。实际生活中,很多人容易混淆请求与命令,也不擅长清晰地表达自己的请求(这里教大家一个可以进行具体区分的方法:如果请求没有得到满足,人们开始指责或责备对方,这就是命令,因为真正的请求是能坦然接受和理解对方的拒绝的。还有的人想利用对方的内疚来达到目的,这其实也是命令,因为它会导致隔阂和疏远)。

如果继续往纵向探究,教养方式只是社会现实的一个侧面反映,其根本仍在于背后的社会文化土壤。为此,接下来我将从历史文化的视野出发,勾勒不同时期中西方亲子观的形成过程及其相关政策制度,以探寻西方亲子沟通工具无法直接为我国家庭使用的底层逻辑。

第二节　西方儿童中心观的形成

实际上,不管是在中国还是西方国家,父权的家长制在家庭教育的历史上都持续了相当漫长的一段时期。严格说来,较之于中国,西方国家对于儿童的控制和管束可能更甚。比如古罗马作为欧洲第二个典型的奴隶制国家，其颁布的第一部成文法《十二铜表法》直接规定了子女是父母的私有财产，父亲对婚嫁外的成年儿女有生杀予夺之权。尤其是对残疾儿童，出生后应"立即灭绝"。① 不仅如此，体罚儿童之风也较为盛行。柏拉图在《普罗泰戈拉》一文中就针对那些不听话的儿童，提出了用"恐吓和棍棒，像对付弯曲的树木一样，将他扳直"②。"希伯来人认为未成熟的儿童是粗野的、固执的、愚蠢的甚至坏的。教育就意味着严酷的纪律，而打骂孩子是把孩子从邪恶中拯救出来的父亲的天职。"③ 古罗马甚至对杀害婴儿的行为也没有任何道德和法律上的约束，以至于黑格尔曾直言不讳地批评道："罗马时代，子女处于奴隶地位，这是罗马立法的一大污点。"

而随着中世纪时基督教会的宗教观成为维护封建社会形态的精神支柱，"原罪说""禁欲主义""蒙昧主义""文化专制主义"等思想大行其道。在教育领域，基督教会甚至获得对教育的垄断权，特别强化了儿童对宗教信条、教义的绝对服从。具体到家庭教育领域，教会极力倡导"性恶论"的儿童观，认为儿童"生来有罪"，而为了得到未来天堂的幸福，儿童应该听从教会的训诫、敬畏上帝，甚至强调应当从幼年起就抑制儿童嬉笑欢闹、游戏娱乐的欲望，并采取严厉措施来制止这类表现。

与"性恶论"儿童观并列的是"预成论"。"预成论"认为儿童就是即将成年的大人，他们与成人的区别仅在于身体的大小与知识掌握的多寡，因此，其对儿童这个年龄阶段身心发展、爱好、需要等方面的内容不会给予特别关注，更多的是主张采取整齐划一、简单粗暴的方式进行管理。整个中世纪，教育陷入黑暗的时期，家庭教育自然也未能幸免。

另一个值得人们注意的事实是，实际上在很长一段时间内，古代西方家长并不把家庭教育视为自己的重要职责。最典型的代表是古希腊的斯巴达，儿童在这里属于国有，父母只是替代国家对其进行抚养，父母所教授的主要是与维护城邦巩固直接相关的军体内容。同一时期的雅典虽然在家庭教育环境方面要宽松得多——不尚武力，但雅典的父亲通常根本就不关心年幼子女的教育（柏

---

① 杨汉麟，周采. 外国幼儿教育史 [M]. 南宁：广西教育出版社，1993：24.
② 谭旭东. 论童年的历史建构与价值确立 [J]. 涪陵师范学院学报，2006 (6)：17-24.
③ [美] S.E. 佛罗斯特. 西方教育的历史和哲学基础 [M]. 吴元训，等译. 北京：华夏出版社，1987：39.

拉图在其著作《拉凯斯篇》中曾对此进行批判），所以与其说是家长对孩子的宽容，不如说是"漠视"无意中促成了相对宽松的家庭教养环境的形成。反观同一时期的中国，我们的家庭教育则一直深受重视。比如，同样是父权制，中国的家庭教育至少有着国家律法层面的"底线"守护——不杀婴，还有家族内部上下齐心协力的对孩子的重视与对家国礼制的悉心呵护、世代相传，同时还有较为温馨的环境保护——对人性本"善"的价值预设。

此后，针对中世纪的黑暗与倒退而兴起的西方文艺复兴的思想解放运动，终于在人文主义者对人权以及个性自由的思想风暴的引领下，为儿童观的转变带来了重大契机。也正是从这个时期开始，儿童真正的"人"的身份在家庭中得以确立，并相应出现了"用合乎儿童天性的方式教育儿童"的理念。其中，夸美纽斯是第一个以人文主义者的情怀赞誉儿童价值的人，他提到儿童"比金银、珍宝更弥足珍贵，金银皆无生命，儿童却是上帝的生气勃勃的形象"，因为"儿童正像一面镜子，人们可从中注视谦虚、有理、亲切、和谐及其他基督徒的品质"。[①] 夸美纽斯对儿童价值的肯定唤起了人们对儿童作为个体的"人"的重视。当然，也有学者评论这种儿童观是"从理想的人的形象中推导出来的，并未完全否定儿童对父母的隶属关系，也没有把儿童本身看作有个性价值的存在"[②]，但它毕竟是人类在儿童认知史上的一次重大的思想革命。

近代资本主义社会，传统大家庭逐渐解体、核心家庭兴起，个性化、独立化的人成为家庭的核心，核心化使亲子关系的重心下移到年轻一代。18世纪欧洲的启蒙运动提出了"天赋人权、自由、平等、博爱"的理念，这为儿童权利保护的发展提供了政治与法律基础。这一时期的思想家认为儿童是具有独特心理行为特点的主体，提倡在形式上改变亲子交往的方式：亲子间不再是绝对的支配-依附关系；子女既然是独立的个体，同样应得到父母的认同与尊重。相对于以往抹杀子女主体性的家长权而言，其进步是不言而喻的。

亲子关系最先发生转变的是受启蒙运动影响最大的法国。法国思想家卢梭基于对儿童自身特性的研究，认为儿童不是生来就有"原罪"的，也不是生来任由外界环境塑造的被动的"白板"，更不是"小大人"。他在很大程度上扭转了传统社会长期把儿童当成人看的观点，可以说，这是首次把儿童从社会的偏见与成人的束缚中解放出来的尝试。卢梭自然主义的教育观认为教育应遵循儿

---

① 单中惠，杨汉麟. 西方教育学名著提要 [M]. 南昌：江西人民出版社，2000：106.

② 李燕. 亲子关系的教育哲学分析 [D]. 苏州：苏州大学，2005.

童发展的自然规律，反对压抑，主张父母不要以权威压迫儿童，而要让儿童自然成长。总之，卢梭的自然主义教育观将重视儿童的思想推向一个新境界，在一定程度上标志着西方亲子关系重心由父母转移到儿童，也标志着教育心理学化转折的开始，"儿童本位"的思想逐渐成为西方教育发展的主线之一。

19世纪末20世纪初，儿童中心主义教育思潮形成，并风靡欧美各国。这一教育思潮的理论依据正是卢梭等人的自然主义教育主张。这种思潮反对传统的形式主义教育，强调自由的原则在教育的实践中应该得到体现，儿童的兴趣应该成为整个教学过程的中心，提倡儿童的自由发展，主张充分发挥儿童的个性特点和积极性、创造性。其中，爱伦·凯的教育思想在儿童中心主义教育思潮中具有一定的代表性。爱伦·凯一生主要从事写作、教学和社会宣传活动，其中心内容是妇女解放和儿童的权利及教育问题，《儿童的世纪》是她最重要的教育代表作。

在20世纪的历史进程中，"儿童权利"的提出与法规化也是教育史研究的重要课题。波兰教育哲学家、心理学家雅努什·科扎克于1919年出版的《如何爱儿童》和1929年出版的《尊重儿童权利》是儿童权利研究领域的重要内容。这两部著作及相关实践为儿童权利概念的理解与相关教育的发展提供了理论资源，也是教育史研究的重要课题。科扎克的儿童权利观点是建立在对儿童生活、儿童心理及教育的研究基础上的。

另一个不容忽视的事实是，儿童中心主义教育思潮的兴起也促进了教育心理学化的发展。美国心理学家G.S.霍尔创立的发展心理学就将其纳入研究范畴，并直接促进了美国1891—1911年这二十年间的相关研究工作，他也因此被称为"儿童研究运动之父"。教育心理学化强调尊重儿童的天性、本能、兴趣，儿童的自由、自主的活动，以及个体独立性的发展。随着世界人权运动、女权运动和儿童保护运动等的开展，人们的主体意识和平等意识逐渐增强。这一时期存在主义者所倡导的"个人都可以自由选择自己的本质，人人须对自己负责"的观点也进一步巩固了个人本位观在西方文化价值体系中的核心地位。

这个时期儿童教育的研究成果，或许可以从1928年拉格和苏梅格合著的《儿童中心学校》中窥一斑而见全豹。它总结了19世纪90年代到20世纪20年代以及之后出现的各种有"儿童中心"倾向的学校作为系统实验的研究和评价。著作中说明了它们共同的特色：重视自由，轻视管控；一切以儿童为起点，强调儿童的主动性，反对将教师作为起点；重视活动；促进学校变为活动学校；将儿童兴趣作为教学活动的重点；强化儿童创造性的自我表现；重视个性发展及社会适应性等。

20世纪以来,国际社会更加关注儿童权利和保护问题。联合国大会在1989年通过了《儿童权利公约》,旨在保障儿童的生存、发展、参与和保护权利。儿童被认为是一个有权利的群体,他们有自我决定的权利和自由。这种儿童观不再以成人的角度看待孩子,而是以儿童的视角来看待他们的需求和权利。

总的来说,西方儿童观的演变过程是一个从征服、支配到自由和平等的过程。这个过程历经数百年,极其漫长,而且曲折反复,涉及对人权的再认识、实验心理学的发展、权利观的重新建构、法制的健全等诸多领域,是不断兴起的各种思想运动的智慧与实践的结晶,它反映了社会对儿童地位和受保护角色的认识和变化的真实性。而正是这样的多方合力推动家庭教育从强调惩罚转变为注重心理教育,父母逐渐愿意尊重孩子的意见、权利和人格,把孩子当作有思想、有感情的人看待,社会也更加注重对儿童权利的保护。

这段思想启蒙与沉淀的历史不容忽视,它也意味着我们不可能直接把西方的理论直接照搬、拿来就用。

第三节　为何对西方亲子沟通工具不能奉行"拿来主义"

随着20世纪七八十年代全球范围内儿童权利意识的加强,我国也兴起了尊重儿童、重视儿童教育的热潮。然而,与西方国家历经上百年人本主义思潮、儿童中心主义教育思潮洗礼不同的是,我国目前的儿童观并非中国社会内部思想自身现代性积累和成熟的结果,而是在国际社会推动下,突然被迫进入"儿童权利"时代。在此之前,我们几乎没有铺垫,发展心理学、实验心理学这些都是20世纪80年代借鉴西方的。因此,西方那一系列建立在平等关系基础上的亲子沟通工具在我国践行起来会有很多的障碍,它们在我国缺乏文化基因。

一、缺乏一场真正意义上的儿童平权思想运动

举个例子,我国第一部保护未成年人合法权益的法律《未成年人保护法》是在1991年9月通过的,2006年进行了第一次修订。这种被动回应的结果就是它局限于法律制度层面的"表层平等"——即儿童被当作公民,享有基本的公民权利。这种"基本的公民权利"通常又被简单化为生命健康权。它针对未

成年人享有的权利虽然包含受教育权、生命权、身体权、健康权、身体自由权和内心自由权、肖像权、名誉权、隐私权，以及财产受到管理、保护权和独立财产权，但其中所涉及的身体自由，其实是对于学校可能做出的侵害学生权利行为的约束；而对家庭中的父母而言，究竟如何做到"内心自由权"，实际上很难从法律文本上进行衡量和约束。因此可以说，法律制度背后更深层次的思想观念上的平等尚未开启，或者说，我们从未有过一场真正意义上的儿童平权思想运动，这是我们对西方亲子沟通的工具不能直接适用"拿来主义"的第一个原因。

当然，儿童平权思想运动曾在近代新文化运动时期"昙花一现"，时值美国著名的实用主义教育家杜威应北京大学之邀来华巡回讲学，他提出"儿童是教育中的太阳"的思想，在当时引起了一定反响；但这种反响主要来源于它能为新文化运动的发起者提供攻击封建君权"三纲五常"的"利器"——以陈独秀为代表的各界进步人士开始对传统孝道进行批判，直指"父为子纲"其实是将子视为父的附属品，子没有自己独立自主的人格，由此产生的道德也是"奴隶道德"；胡适也揭露了传统孝道的虚伪性，提出了父子平权的观点，并首次把西方尊重个性和子女权利的理念引入中国亲子关系；鲁迅深刻揭露了封建礼教的"吃人"本质，也再次强调了传统孝道的虚伪和残酷，他的《我们现在怎样做父亲》将矛头直指"父权"，对一味要求子辈尽孝的传统孝道展开了全面批评，并提出了中国文化制度应当从"长者本位"向"幼者本位"转变的建议。毫无疑问，新文化运动彻底揭开了君权通过父权以"孝"的名义捆绑孩子的虚伪"面具"，将这个固化千年的身份壁垒撕开了一个"缺口"。但是，这些重要的儿童平权思想观点只在知识精英群体中传播扩散，并未以大众喜闻乐见的方式在社会底层广泛传播，也未能带来真正意义上的行动变革。

由于大众对儿童权利的理解仍然停留在表面，未能内化为个体的行为规范和社会主流价值，因此，要形成系统的有效的制度和政策，中国家庭教育的研究应该"退后一步"，即回到儿童权利的基本理论逻辑基础、价值伦理乃至儿童地位等基本问题，追寻它与我们自身传统文化之间的连接与缘起，而不是将其理所当然地视为亘古不变的真理。

二、缺乏本土化、连续性的儿童心理学/教育心理学研究

第二个因素是我国的儿童心理学、教育心理学发展相对滞后，也缺乏本土一以贯之的研究。我国学界相关的专业书籍以翻译出版国外教育心理学教材和

专著为主，采纳的也是欧美国家教育心理学的理论和研究方法。这表现在以下几点。首先，教育心理学的引进本身是在清末民初时借道日本向西方学习而来，比如最早的有 1908 年房宗岳翻译的日本小泉又一所著的《教育实用心理学》，此后廖世承、萧孝嵘、艾伟和高觉敷等留美学生编撰了不同版本的教育心理学教材，但主要观点和研究资料都是对美国心理学研究的引介，或者在原版基础上做的修订。其次，我国第一部儿童教育心理学教材，也是一度被指定为我国大学心理学专业教育心理学课程的基本教材《儿童教育心理学》由苏联学者尼·德·列维托夫编著，是 20 世纪 60 年代初翻译的。此后直到 1980 年，在潘菽先生的主持下，全国 11 个单位的 17 位同志汇聚一堂，编写出我国第一本《教育心理学》代表性教材；而专门系统针对儿童心理学和教育心理学的研究则是 20 世纪 90 年代《未成年人保护法》制定与实施以后才开始的。迄今为止，我国主流人才培养体系使用的教材，仍是以西方心理学家以及实验心理学那套所谓严谨的逻辑论证和精密式可量化的话语体系为中心，而中国早期本土的教育心理学家陶行知、陈鹤琴等人，虽然提出了尊重儿童、解放儿童等许多有价值的口号和见解，但也只成就了一段教育中国化改革之路的历史佳话，并未能成为真正影响专业人才培养的指导性学说。

此外，还有一个看起来不起眼却不容小觑的因素——信仰。

不可否认的是，西方纯粹的宗教信仰与亲子沟通的技术性工具是相得益彰的，比如《正面管教》背后就有宗教信仰的支撑，由于尼尔森本人就是狂热的基督教信徒，她设计的各种场合的正面管教工具将阿德勒的理论与生活中的事件和场景相结合，归类为简单又温馨的互动体验活动，激发了家长深层次探索自我、了解孩子，与孩子建立良好互动关系的信心和行动的热情。

在我国甚至也出现了专门的"基督教家庭的正面管教"之类的工作坊，这些工作坊的核心指导理念就是借用"神"所喜悦的家庭成员间相互尊重的沟通方式（重点在于鼓励人们像上帝爱众生那样爱自己与他人、要求家长和孩子一起学习成长、颂赞家庭等），积极地面对家庭里的冲突，这在一定程度上可以视为对家庭教育沟通的底层逻辑的阐释。我在香港大学访学期间，也去过荃湾的 611 灵粮堂，体验过两次他们的信徒活动，他们所倡导的核心价值系列之一就是"先关系后事工"（即先处理好关系，再开展工作）。在涉及夫妻、亲子关系的处理时，他们还特别提出了"以圣经真理作根基，以爱和信任作护栏"的指导原则。

总而言之，正是这种宗教信仰，为在跌跌撞撞中摸索和实践"正面管教"的家长和教育者提供了源源不断的动力；同时，在具体学习与操练"正面管教"理念与工具的过程中,这些信徒因为有了圣经经文的支持,以及耶稣作为关系和生命的榜样,也会对"正面管教"体系所提倡的"和善而坚定""从错误中成长"等理念产生共鸣,有更深刻的领悟和体验,实现"爱得有根有基,管得有根有据"。

所以,我们真的准备好了吗?

第四章　中国式现代化家庭教育"铁三角"理论模型

家庭教育一度是中国文化的优势资源，比如孝文化、君子文化等都是中国式家风教育的结果。那么，在西方亲子沟通工具风靡中国家庭教育指导市场的背景下，我们自己传统的家庭教育文化中有没有可以承袭的内容？

答案无疑是肯定的。十八大以来，习近平总书记在多个场合谈到中国传统文化，表达了自己对传统文化、传统思想价值体系的认同与尊崇。习近平总书记指出，文化自信是更基础、更广泛、更深厚的自信。我也认为，唯有文化自信，才能帮助我们构建中国式现代化家庭教育的深厚根系。在文化自信的引领下，我们需要思考的是：有没有一种简单直接的家庭教育指导方法既体现中国传统文化的基因，又与当下已经转变的家庭构成和家庭关系的状况相容？

中国式现代化家庭教育"铁三角"理论模型（以下简称"铁三角"理论模型）正是在这一背景下建立的。它有两个方面的基础：一是立足于对中国传统家庭养育自身文化特质和生命力的信心，突破目前市面上亦步亦趋不断强调操作性步骤的被动适应论，以一种主动引领的思维方式，建构以传承传统为根基、批判性吸收新理念的模型来破解目前中国家庭教育指导市场的迷局；二是"至简"，它是家庭教育的底层逻辑操作。中国传统文化中最推崇的解决问题之道是"大道至简"，以"至简"实现"四两拨千斤"的效果；无独有偶，在基础教育排名全球第一的芬兰，著名教育家帕斯·萨尔博格也提出一个有意思的教育悖论——少即是多（less is more），这与我们介绍的"铁三角"理论模型有异曲同工之妙。

那么，这个模型"至简"到什么程度呢？它由爱、榜样和边界三边构成。由于三角形是最简单稳定的图形，所以我称之为"铁三角"。"铁三角"的"落脚点"实际在于"爱"，而"榜样"和"边界"是围绕"如何爱"进一步展开的在方法论上的探索。

第一节　爱非理性、不可教

一、爱可以被训练、被教会吗？

通过前文我们对风靡全球的四套亲子沟通工具的介绍可以发现，它们有一个共同的特点，即强调自己这套工具是在学习爱的技巧与接受爱的训练。不可否认，爱在家庭关系中具有特殊的重要性，是一切关系的起始点。问题的关键在于：爱需要学习吗？需要接受训练吗？

如果爱一个人，是需要通过训练才能做到的，那么请问通过各种技法加持包装的话术还是我们所谈的纯粹的爱吗？更进一步地，即便以上的回答都是肯定的，我要再追问一句：通过学习或接受训练是能够学会爱的吗？或者说，通过读几本书、多去几次工作坊、做几次读书分享会，甚至是考取资格认证证书，真的能学会如何去爱吗？

以爱的最重要表达方式——沟通来举例，一些家长可能会抱怨并非自己不愿意与孩子沟通，而是孩子不愿意跟自己沟通，自己没有机会了解孩子的想法。问题出在哪儿？恰恰是因为这些家长把沟通作为话术、作为一种工具在使用，终极目的只在于"说服"甚至"洗脑"，让孩子听自己的，让自己的观点渗透进入孩子的心灵，让孩子成为自己所希望他成为的样子。所以，其实没有孩子不喜欢沟通，他们只是不喜欢父母以沟通的名义进行控制，这让原本应该平等的沟通变得很虚伪。沟通的前提，不是希望对方变成另外一个样子，而是愿意了解对方的需要，并且诚实地讲出自己的需要，以便探讨如何创造性地达成共赢。

因此，对于家长而言，并不需要通过各种技巧加持达到完美，因为技巧意味着谋划和算计，而爱首先应该是诚实地忠诚于自己的内心。诚实的家长不会给孩子留下心理创伤；哪怕是家长在盛怒之下打骂了孩子，这也并不是"十恶不赦"的大错，因为没有人能保证一辈子不失控。问题只在于——打骂孩子之后，家长是诚实地面对自己的暴力行为，向孩子诚恳地道歉，并进行交流，还是只是情感控制，板起脸来让孩子自行反思自己究竟做错了什么、指望孩子明白自己的"良苦用心"？

再来举一个大家日常生活中经常攻击的"你真棒"的表扬方式的例子。这句含糊其词的表扬，在市场上所有的育儿专家那里都被认为是不可取的，因为这种粗放式的夸奖常被认为是简单的对于结果的评价，会让孩子不知道自己究竟是哪个环节或者哪个方面做得好，也就无法对他的成长发挥促进作用，甚至被认为会慢性扼杀孩子的成长型思维，可能导致孩子重视结果多于过程。但我想表达一个不同的观点，这种精细化"挑刺"的"专家"思维让大多数语言驾驭能力并不强大的父母甚至隔代抚养的老年人情何以堪？人们难道不是应该把关注点更多地放在真诚表扬的态度本身上吗？因为在真实的情境中，相比于具体的（语言）操作技法，态度和情感立场本身才是底层的思维原则。要知道，成长是自然选择的必然结果，怎么会因为你不算精致的评价就被扼杀呢？难道你忘了一个家庭里经年累积的爱的成长力量了吗？

总而言之，我们在总结了非常多的案例后发现：孩子不会因为父母不完美而受伤，在孩子的心目中，他完全接纳父母本来的样子，并坚定地爱着自己的父母，他们看见和感受到的是，这就是真实的人，真实的人都是不完美的。

而真诚的人之间，关系是牢固的。

相反，如果父母试图操控孩子，孩子的内在就被扭曲了，他们无法区分爱与非爱，会把别人侵犯自己边界、操控自己，当作是对自己的重视和爱。

诚实，首先是对自己诚实，是成年人的自我负责。

《道与术》中老子有言："有道无术，术尚可求也，有术无道，止于术。"在家庭教育中亦是如此，倘若我们被如今风靡的那些教授父母如何与孩子沟通的"术"的书籍和课程捆绑，不了解"术"背后推动的"道"和底层逻辑，那么，家庭教育很难保证不变得形式主义且僵化顽固。就像在我国，父母子女、夫妻之间的爱常常是不宣于口的，难道我们可以就此武断地评判说他们之间没有爱吗？

并非如此！爱的表达属于"术"，在一个以爱为前提组建的家庭中，用中国的古话说就是"日久见人心"，时间长了，父母与子女之间就会形成不需要语言传达的默契；而这种默契的成员间爱的流转才是一个家庭更为重要的"道"。我们真正要去寻找和明确的，恰恰是家庭成员之间这种隐秘的爱的流转，让它在家庭中变得更加显而易见。

既然爱不需要技巧，也就意味着爱是不可"教"的，是环境"养"出来的。这个环境更多的是原生家庭里的环境和社会环境共同建构的结果。这个环境得到保护的底线是信任。

二、非理性之爱

父母对自己的子女几乎都有情不自禁的、与生俱来的、近乎本能的、非理性的偏爱。这种爱不应以条件交换为前提,没有任何原因和理由,不带有任何显性和潜在的目标期许。这里我们每一位家长都可以用一个问题来厘清我们对孩子的爱是否纯粹:我能够真正接纳我孩子的全部吗?

很多时候,孩子的行为并不是一种错误,只是每个人的习惯不同而已。身为父母,在这种情况下,你要让孩子明白:你和别人不同,但你很好;即使你和别人不一样,我依然爱你。

其实,接纳孩子的特别是一件很不容易的事情。

被父母信任的孩子拥有面对人生的底气;被父母无条件接纳的孩子,面对社会上不同的声音,是可以坦然做自己的。所以信任和接纳不仅可以增进亲子关系,还可以帮助孩子建立自信。

而现实中,有多少家长在孩子犯错时,首先不是担心孩子本身,而是把关注的焦点放在"你让我多丢脸,你让我抬不起头来,你知道他们是怎么说我的"。这些父母管教孩子、对孩子严格的主要原因其实是很自私的——怕孩子给自己丢脸。他们把自己放在第一位,把孩子放在第二位。与前面所提到的非理性之爱不同,这是一种理性之爱,是一种基于现实考虑的有条件的爱,即父母给予孩子多少爱,取决于孩子在多大程度上顺应了父母的要求和期许。另外,还有一种理性之爱,就是要求孩子报恩,即父母认为自己对孩子有生养之恩,子女应该以报恩作为回馈。

对于这个问题,鲁迅那篇《我们现在怎样做父亲》已然有了深刻的解答。这篇文章最初发表于1919年11月的《新青年》月刊第6卷第6号,署名唐俟,这是作者的另一个笔名。下面内容是这篇文章的节选。

> "父子间没有什么恩"这一个断语,实是招致"圣人之徒"面红耳赤的一大原因。他们的误点,便在长者本位与利己思想。权利思想很重,义务思想和责任心却很轻。以为父子关系,只须"父兮生我"一件事,幼者的全部,便应为长者所有。尤其堕落的,是因此责望报偿,以为幼者的全部,理该做长者的牺牲。殊不知自然界的安排,却件件与这要求反对,我们从古以来,逆天行事,于是人的能力,十分

萎缩，社会的进步，也就跟着停顿。我们虽不能说停顿便要灭亡，但较之进步，总是停顿与灭亡的路相近。

自然界的安排，虽不免也有缺点，但结合长幼的方法，却并无错误。他并不用"恩"，却给予生物以一种天性，我们称他为"爱"。动物界中除了生子数目太多——爱不周到的如鱼类之外，总是挚爱他的幼子，不但绝无利益心情，甚或至于牺牲了自己，让他的将来的生命，去上那发展的长途。

人类也不外此，欧美家庭，大抵以幼者弱者为本位，便是最合于这生物学的真理的办法。便在中国，只要心思纯白，未曾经过"圣人之徒"作践的人，也都自然而然的能发现这一种天性。例如一个村妇哺乳婴儿的时候，决不想到自己正在施恩；一个农夫娶妻的时候，也决不以为将要放债。只是有了子女，即天然相爱，愿他生存；更进一步的，便还要愿他比自己更好，就是进化。这离绝了交换关系利害关系的爱，便是人伦的索子，便是所谓"纲"。倘如旧说，抹煞了"爱"，一味说"恩"，又因此责望报偿，那便不但败坏了父子间的道德，而且也大反于做父母的实际的真情，播下乖剌的种子。有人做了乐府，说是"劝孝"，大意是什么"儿子上学堂，母亲在家磨杏仁，预备回来给他喝，你还不孝么"之类，自以为"拼命卫道"。殊不知富翁的杏酪和穷人的豆浆，在爱情上价值同等，而其价值却正在父母当时并无求报的心思；否则变成买卖行为，虽然喝了杏酪，也不异"人乳喂猪"，无非要猪肉肥美，在人伦道德上，丝毫没有价值了。

所以我现在心以为然的，便只是"爱"。

鲁迅在这里旗帜鲜明地表达了两个观点：其一，父母生育子女本是人类发展的正常状态，算不得对子女有恩，也不存在子女必须对父母报恩的问题，但中国的旧观念却与此完全相反，认定子女天然是父母的私有财产，他们对父亲只能唯命是从，不能有半点违抗，而且有报不完的恩；其二，从生命延续发展的观点看，老一辈应该为下一辈做牺牲，因为新的年轻的生命更有价值，更有发展前途，而中国的旧观念又与此恰恰相反，总以为下一辈应该为上一辈做牺牲，于是用封建伦理相苛求，一代又一代地毁灭了子孙的发展能力，使他们变成了封建时代和旧道德的牺牲品。

鲁迅这篇文章里的观点至今看来仍不过时。

第二节　爱不是控制

父母很多时候以自己的需要为中心去教养孩子；如果这种教养是以监控或专制的方式进行的，我们通常称之为控制型教养方式。对于控制型教养方式的内涵，学界普遍认同巴伯等人以父母的控制点（locus of control）为依据的分类研究，他们将控制具体分为行为控制和心理控制两种[1]，其中，行为控制指试图控制管理子女行为和在物质世界中的活动；心理控制指试图控制子女的心理和情绪、抑制或妨碍其独立性发展，主要表现为引发内疚、收回关爱或限制子女自我表现[2]以及引发子女自我怀疑、羞耻感等。相较而言，心理控制在实施方式上更为隐蔽，它实际上就是一种情感胁迫（emotional coercion）和情感控制（emotional takeover）[3]，也是最容易带给子女伤害的一种方式。

我们先来谈谈行为控制。

学界普遍认为父母适当的行为控制可以在一定程度上减少孩子的问题行为，如吸烟酗酒行为、网络成瘾行为、危险性行为和意外怀孕等，并能促使孩子有更好的学业表现和学习能力，甚至提升其社会创造力。文化相对论认为，在以中国为代表的强调相互信赖与相互扶持的集体主义社会下，父母控制可以帮助儿童尽快融入集体主义的价值观，对儿童的不利影响较小甚至会对儿童的心理健康起到帮助和促进的作用。[4]

尽管如此，行为控制仍然有其不可忽视的负面问题。

这里特别列举一个行为控制的"重灾区"——家长喜欢用奖励、表扬与惩罚的方式来规范孩子的日常行为，这究竟会对孩子产生什么影响？当然，相较于早年间家长喜欢笼统地用"你好棒"对所有正向的行为进行表扬或者赞赏，

---

[1] Barber B K, Olsen J E, Shagle S C. Associations between parental psychological and behavioral control and youth internalized and externalized behaviors [J]. Child Development, 1994, 65 (4): 1120-1136.

[2] 赖雪芬, 王艳辉, 王媛媛, 等. 父母控制与青少年网络成瘾：情绪调节的中介作用 [J]. 中国临床心理学杂志, 2014, 22 (3): 437-441.

[3] [美] 琳赛·吉布森. 不被父母控制的人生：如何建立边界感, 重获情感独立 [M]. 姜帆, 译. 北京：机械工业出版社, 2021：前言 XV.

[4] 方晓义, 张锦涛, 徐洁, 等. 青少年和母亲知觉的差异及其与青少年问题行为的关系 [J]. 心理科学, 2004 (1): 21-25.

现代家庭的许多父母在早期家庭教育中学到了表扬一定要落在具体的或者进步的行为上的技巧方法——殊不知，其实表扬和赞赏本身与批评所造成的危害在性质上是完全等同的。

何以见得？

首先，这是对孩子行为的不信任。有些奖赏其实是家长在用"贿赂"的方式换取孩子的好行为，它向孩子所传达的信息是：我不相信你能自觉地具备好品行，所以我要用一种更为直接的诱惑来引导你。这种不信任的亲子氛围，会令孩子感到气馁和自尊受挫，久而久之，还会分散孩子在学习上的注意力，孩子时刻要在心底追问：我如何证明我可以为自己的行为负责任？

其次，这并不能给孩子满足感。很多家长可能会有疑惑：奖励和表扬是对孩子正向行为实施的肯定，这难道不能带给孩子很大程度的满足感吗？这种想法乍看好像没什么问题，但问题是一次两次的表扬和奖励是可以给孩子满足感，但这样培育出来的孩子的物质价值观难道没有"天花板"吗？如果有一天，没有任何奖赏能满足他的"胃口"，我们作为父母又该如何面对和解决呢？因为这个时候，孩子已经被培养得只关注做这件事对他有什么好处，如果没有特别的回报，他才不去做！

实际上，满足感是通过贡献与合作获得的。当我们忙着通过奖励和表扬来促使孩子与我们合作时，事实上就在某种程度剥夺了他们从生活中获得满足感的权利，也剥夺了他们对家庭和社会的归属感，自然也很难培养出相应的责任感。

最后，这是对孩子的不尊重。奖励表扬和批评惩罚的表达形式虽然有天壤之别，但并无本质区别，都是家长对子女有意图的操控。隐藏在这些奖惩背后的家长语言是：你的行为要让我满意，我满意了就会给你奖励，否则就会给你惩罚。所以简单粗暴地说，奖惩就是一种服从训练，让孩子不断用讨好与取悦家长的行为来获得奖励或者避免惩罚。无疑，这些都缺乏对孩子的基本尊重，只是在彰显家长的权威。这种强制的权力威望固然在孩子依赖家长的初期会效果显著，但副作用更甚，比如它会导致孩子懦弱、胆小和紧张。

尽管如此，以上仍属于亲子沟通交往中正常行为控制的范围。

除此之外，还有一类非正常控制，其指向的是控制背后的心理需求。直接来讲就是家长通过对孩子的生命及生活进行掌控，来追寻自己身上业已缺失的安全感和控制感（当然还有一种更为极端、畸形的情况，即家长的控制只是为了满足自恋的需求）。

可是，为什么已然成家立业的父母仍然会缺乏安全感呢？

原因有很多，比如高速的经济增长和快速的城市化进程带来了一系列社会安全问题和环境恶化问题，社会结构剧烈变化、利益多元化使得人际间信任下滑，人到中年对生活的无力感，等等。

所以，孩子"不写作业""不按时睡觉""不听话"这些事情本身都不是亲子问题，真正的问题在于家长对为数不多的生活控制感的争夺。在这场"拉锯战"里，如果孩子表现得不如家长所愿，家长通常就会感觉丧失了对生活的掌控感及确定性。照这个趋势发展下去，情况可能就会逐渐变成家长动辄为一点小事歇斯底里地逼迫孩子，孩子也逐渐变得歇斯底里；因为刺激过多、过强或者时间过久的行为控制会让个体触底逆反，产生"超限效应"。

可以明确的是，建立在平等基础上人与人的真实需求，是可以共存共赢的。但如果父母一定要将自己的需求满足建立在对孩子生活的干预控制上，缺乏平等商量的前提，那么，双方都会深陷对"安全感"的争夺之中。

之后，我们来谈谈更为可怕的情感控制。

已有学术研究普遍认为家长低程度的心理控制能提升子女的共情能力，而家长频繁和过强的心理控制则会严重影响子女的心理健康和发展。之所以说情感控制比行为控制更加可怕，是因为情感控制容易带给孩子更深的伤害。正如心理学家苏珊·富沃德所说的，恐惧感、责任感和罪恶感，是被操纵者心中最常见的感受，而自虐者也常通过传递这三种感受来控制对方的情绪和行为。①

情感控制给孩子带来伤害的根本原因在于它通过让孩子产生自我怀疑、恐惧、内疚和羞耻的方式来达到控制的目的。

譬如，"牺牲与报恩"常被用来形容中国式父母与子女的相处之道。看起来它似乎符合我们传统文化中对美好人伦关系的一种描述，但实际上，无论是牺牲还是报恩，都是基于不平等关系的道德绑架，是用"大爱"的象征性意义扭曲了彼此正常的需求。比如，日常生活中有些父母不断对孩子强调自己的辛苦，是想利用自己的牺牲和付出，表现自己的不容易和伟大的爱，变相要挟孩子变得顺从，不要忤逆自己；而孩子会因为父母在健康、事业甚至是自我方面的牺牲，而被迫努力偿还父母的恩情，一旦没有达到父母的预期要求，看到父母失望的眼神，就产生内疚感和罪恶感。

不可否认的是，面对生活各方面的压力，父母确实承受了很多，但正因为他们是有责任担当的成熟个体（当然，不成熟的父母也比比皆是，国内的武志

---

① 苏珊·福沃德，唐娜·弗雷泽. 情感勒索[M]. 杜玉蓉, 译. 成都：四川人民出版社，2018：68.

红老师将其比作"巨婴",国外也有美国心理学博士吉布森专门写就《不成熟的父母》对他们的特征进行速写概括),他们应该成为生活压力的过滤器,而不是把压力传递给孩子,尤其在孩子还小的时候。面对"内疚式教育",孩子的第一反应会是"都是我的错",他们会认为自己是父母的累赘,是家庭悲剧的根源;他们认为如果没有自己,父母会生活得更好。在这种心理状态下成长的孩子,会产生强烈的自我怀疑,敏感多疑、自卑胆小,甚至会轻视自己的价值。在青春期的时候,一部分孩子会因为这种强烈的内疚感出现情绪和心理上的问题。这些问题会伴随他们成长,即便在成年后,他们的内心也常常背负着内疚的包袱。

总结起来,情感控制主要有以下四种形式。

第一种是自我怀疑,它会削弱孩子的自主性、降低孩子对自我价值的认识。

如果按照伤害级别做更为细致的区分,那么让孩子产生自我怀疑的情感控制方式应该还属于相对轻微的。这种情感控制常见的形式是:孩子表达了他们不喜欢的想法或感受,父母就通过收回情感联结来惩罚孩子。对疏离的恐惧会使孩子怀疑自己,对自己的想法或感受产生不确定的感觉;而孩子一旦开始怀疑和不信任自己,就会寻求他人的指引,相信别人的观点;这个时候得到父母的接纳就成为孩子唯一关心的事情,孩子会因此忘记自己真实的想法或感受。因为只有自我怀疑才能带来父母的接纳,而独立自主会导致亲子关系的紧张,所以,孩子会认为想得到父母的接纳与爱,就不要表现得太过自信。而一旦孩子的思维被自我怀疑以及对拒绝的恐惧笼罩,面对父母的胁迫策略,他就会越来越难以清晰地思考;这种相互矛盾的感觉会让他失去自信,忘记自己的本能和直觉,进而削弱他的自主性,降低他对自我价值的认识。

第二种是恐惧,它会导致孩子压抑自我感受。

父母通常采用暴怒或是情绪崩溃的方式(诸如收回情感、抛弃甚至自杀)来恐吓孩子,迫使孩子做出父母想要的行为——当然,直接的身体虐待更是终极形态的恐惧策略。由于害怕父母不喜欢,孩子更愿意把父母的需求放在第一位。孩子首先会感受到焦虑,而一旦这种感受被贴上了"危险"的标签,孩子就会赶在不成熟的父母做出反应之前压抑自己的感受,这种自我压抑其实正是父母进行情感掌控的一种方式。长此以往,为了回避这种自己无法承受的后果,孩子不需要外部的威胁就能压抑自己,陷入一种随时自动切换不断压抑自我感受的模式中,以致精神极度抑郁。

第三种是内疚，它会让孩子讨厌自己。

内疚本应是一个促使个体做出改变的短暂信号，而不应是一个长期存在的影响个体情绪的问题。健康的内疚能帮助个体从错误中学习，做出弥补和改变，以便不再犯相同的错误，而不是讨厌自己。但是控制型家长会利用内疚潜在的强迫特性，让孩子觉得自己需要把一切都做到尽善尽美；对孩子提出的需求，父母的反应就像是孩子做错了事情一样，以便让孩子为自己的需求感到内疚，误以为是自己的需求让父母的生活更加艰难，同时，让孩子因为没有为父母做出足够的牺牲感到内疚，甚至当自己生活得比父母幸福时，他们还会感到某种"幸存者"内疚。不仅如此，控制型父母也很少教子女在犯错的时候是可以原谅自己的，更不曾告诉他们可以通过负起责任与做出弥补的方式来消除内疚；因为这种父母试图通过让孩子感到内疚的方式，得到孩子更多的关注，满足自己进一步的索取欲望。

第四种是羞耻感，它会让孩子忽视自己的积极品质。

内疚感至少可以用列举理由、描述感受的方式表达出来，即它是一种容易用语言表达的意识体验；相较而言，更为可怕的是羞耻感，它是一种真正带有毁灭性的感觉。羞耻感源于被人拒绝的感受。① 羞耻感对个体来说要比单纯的尴尬深刻得多，它是一种强大的本能的感受，因为它不仅表明个体做错了事，甚至还意味着个人的人品存在问题。

控制型父母会用各种语言来羞辱孩子，通过给他们贴上"自私"的标签来达到控制的目的。对于敏感的个体来说，没有比说他不关心别人更伤人的指责了。控制型父母会在孩子请求安慰或情感联结的时候拒绝他，让他为自己的问题或自己需要帮助而感到羞愧，继而感到绝望，觉得自己是这个世界上最孤独的人，给他造成深刻的、毁灭性的打击。所以说，羞耻感是难以忍受的，这种觉得自己不值得被爱被接纳的感受可能会导致核心羞耻感认同（core shame identity）②。这是一种每时每刻都存在的无价值感，它让孩子忽视自己所有的积极品质，以迎合父母的一切索取，以至于在成年以后的人际交往中，这类孩子也倾向于屈服于他人的情感支配。

---

① De Young P A. Understanding and Treating Chronic Shame [M]. New York：Routledge，2015：156.

② Duvinsky J. Perfect Pain/ Perfect Shame [M]. North Charleston：CreateSpace，2017：47.

总而言之，当孩子的主观感受不被父母承认或理解时，他们的内在世界就会分崩离析，觉得自己坠入虚无之中。① 正如有学者所说的，他们脆弱的人格结构就像在瓦解一样——这种体验就像死亡，这就是心理崩溃的感觉。② 这种无能为力的痛苦会迫使孩子放弃做任何事情的尝试，只想与父母恢复支持性的依恋关系。长此以往，孩子对父母形成了强烈逃避与高度依赖共存的矛盾状态，影响青少年"分离—个体化"的正常发展。在这种环境下成长的孩子时常会感到压抑、窒息，独立性差，依赖性强，现实感弱，没有自我成长的内生动力，缺乏自信心和社会责任感，会逐渐丧失主见和创新意识，最终成为人格异化、情感缺失的人。而随着孩子年龄的增长，他们在生活上对父母的依赖会越来越弱，孩子开始以直接或间接的形式进行反抗，产生危险行为，甚至情绪紊乱等。③ 而这种反抗也会让父母的挫败感越来越强，亲子关系会日益紧张，"控制—反抗—失控—进一步控制"的周期性的负向循环会让彼此备受折磨，导致矛盾丛生甚至关系决裂。

第三节 爱孩子的前提是爱自己

爱不需要牺牲。

爱不需要与内疚连接。

家长和孩子是平等的个体，他们之间不是一种人身依附的关系。在两者相处的过程中，家长有自己的需求和取向，孩子也是，所以家长与孩子的相处之道应该是尊重与协商。

上一节在提到家长对孩子"牺牲与报恩"的情感控制时指出，有的家长把牺牲当作一种手段，最终目的是让孩子产生自责与内疚感，从而实现对孩子精神上的控制。本节对家长的"牺牲"做另一种意义上的解读，那就是家长没有将它作为工具，也不存在主观意愿上的刻意目的，牺牲只是一种行为结果，它

---

① Wallin D. Attachment in Psychotherapy [M]. New York：The Guildford Press, 2007：56.

② De Young P A. Understanding and treating chronic shame：A relational / neurobiological approach [M]. London：Routledge, 2015：82.

③ Chen X, Ding L, Gao X. Relationship between parental control and middle school students' depression and risky behavior：The mediating effect of neuroticism [J]. China Journal of Health Psychology, 2016, 24 (5)：780-784.

通常还伴随家长的内疚情绪，主要来源于父母在行使自身职责时的焦虑。这种情况多在新手父母身上体现。

就像罗宾·格栅在《父母的愧疚：无声的流行病》一文中所说的："世界各地的父母都为一个秘密折磨：我哪里做错了吗？我的孩子会不会因为我做的/我没做的而受到伤害？……"① 无疑，现代父母深切的焦虑感和愧疚感是前所未有的，网络媒体时代各种教育声音五花八门，这不仅不能解决父母的焦虑，反而增加了他们的无所适从，似乎没有哪一代父母比现在的父母更怀疑自己做家长的能力。可以确定的是，这种"着急上火式"的焦虑不仅会在日常生活中影响家长的做事方式，还会让孩子感受到一种无形的压迫感，给孩子的成长带来许多负面影响。

焦虑感和愧疚感产生的心理历程通常如下：当家长无法满足孩子提出的要求或者与外在做对比发现有差距时，先是感到愧疚、难受，这样的愧疚逐渐累积，焦虑的情绪就逐渐滋生并泛化，并随之产生不安甚至愤怒。然而，究竟愤怒什么？矛头是指向自己（恨自己能力不够），还是指向孩子（恨铁不成钢）？很多家长自己也说不清楚。这是因为真实世界远比我们的理论世界复杂，在家庭教育的各种场景中，这些情感总是交织出现在父母复杂的情绪里。一种通常出现的状况是：越是情感达人、育儿专家、教师职业甚至通晓心理学的父母，越是难以接受孩子的一些行为，他们的愧疚多将矛头指向自己，而对自己的攻击之后又会转移到孩子身上；当然，这种攻击转移并非他们主观有意的，但有时无意识的举动也会产生同样的伤害后果。

总而言之，无论是无力感还是愧疚愤怒，都是父母出现了认知偏差。要知道，父母也是普通人，也会有自己的情绪，也会有情绪失控的时候。根据心理学的 ABC 理论，人的情绪受认知的影响，而非受事件本身的影响。比如，同样是孩子调皮不听劝，有的父母会认为"这孩子不打不成器，现在就这么不听话，以后还了得"，而有的父母却认为孩子调皮好动是创造力强的表现，不必过多干涉。换句话说，人的负面情绪通常产生于不合理的想法，即让父母愤怒的并非孩子的行为本身，而是父母深层次的信念和想法。如果父母想调整情绪，提高情绪管控能力，就需要练习转换认知，去掉不合理的想法，这样父母在教育孩子时的无力感也会降低。

---

① 教育视角｜对孩子怀有愧疚 是大多数父母的魔咒？[EB/OL]．(2017-05-16)[2023-06-07]．https：//www.sohu.com/a/140984624_394340．

我们用了很长的篇幅讲清楚爱是什么。总结起来，它的第一要素就是保持一种彼此平等和尊重的关系。那么，如何判断亲子关系是彼此平等和尊重的？可以明确的是，在彼此平等和尊重的关系中，人们做一件事情，是因为这件事情本身需要被完成，这时的满足感来自和谐的互助与合作，而不是"只有获得，才有价值"的错误价值观。

此外，还应该引起注意的是，平等意味着如果父母可以失望、生气，那么孩子有类似的情绪当然也很正常。所以父母应该对孩子那些负面的情绪，比如生气、失望、痛苦、哭泣等秉持包容和尊重的态度，允许孩子拥有这些负面情绪。

我见过许多父母，骂了孩子一顿之后，看到孩子伤心或生气的脸色，又忍不住大吼一通"你还有脸哭！"但孩子的哭泣其实是修复创伤的过程，也就是说，孩子正在用哭泣弥补父母所造成的心理创伤，可是有的父母甚至不允许他们给受伤的心灵"敷药"。其实这个时候，父母最好的做法是轻轻地搂着孩子，告诉他们无论如何，你都爱他们，然后静静地等他们疗伤结束。经历过这些之后，你会发现孩子变得更自信，也更阳光。

当然，家长也可以在看到孩子哭泣或生气，而自己也仍在气头上时，选择暂时离开这个让彼此都感到压抑的空间，留他静静地哭一会儿。家长可以换一个房间，照照镜子，看看摸摸自己扭曲僵硬的脸蛋儿，做下深呼吸，舒展下眉头，抚平自己的情绪，好好觉察和爱惜下当下紧张的自己。

总之，作为父母不要总是内疚和自责，摆脱错误认知，明白尽力就好。

第四节 我国传统文化中的爱：慈严相济

在我国古代的家庭教育中，父母对子女"爱"的表述是"慈"，这种观念源于儒家，譬如孔子就提出了"为人父，止于慈"的观点。但父亲的"慈"与母亲的"慈"在方式上是完全不同的：父亲的"慈"准确地说是以"告诫"为主，多表现为将自己的心得体会作为家训告诫子女，譬如"周公训子"；母亲的"慈"则倾向于对子女日常生活起居的照料，譬如为孩子选择良好的环境而多次迁居的"孟母三迁"。不仅如此，儒家提倡的"慈"始终伴随着"严"，以达到"子女畏慎而生孝矣"的目的。颜之推就提到："父子之严，不可以狎；

骨肉之爱，不可以简。简则慈孝不接，狎则怠慢生矣。"① 司马光也认为"慈而不训，失尊之义；训而不慈，害亲之理。慈训曲全，尊亲斯备。"② 它们的共同点在于都传递了一种思想："慈"必须以"严"为前提，否则会导致子女的不庄重和不恭顺。

同样地，对于"严"的理解，实际上也有两个层面：一是"教子宜严"中的"严"，本意是严格要求，而非打骂的管教方式；二是这种"严"既指向家长对子女的严，也反过来包含家长自己的严于律己和以身作则。这两个层面缺一不可，共同构成了对"慈严相济"家庭教育思想的完整阐释。然而，流传至今，当代家庭教育却趋向于把"严"等同于一味地苛责、批评甚至打骂的管教方式，这实际上是对"严"真实意义的曲解及矮化。究其原因，大概是受到中国传统父母一直认可的谦虚和低调优秀品质的影响，认为批评和严厉的打击才是对孩子最好的鞭策。

不仅"严"有对自己与孩子双向同等的严格要求之义，古代父母的"责"也是有限制条件的批评与责备，而不是不顾时间、场合、状态、歇斯底里的情绪失控。譬如，晚明学者吕坤的《呻吟语》就记载了古代父母对孩子的"七不责"。

第一，对众不责，即不在外人面前责骂孩子，因为当众责骂的方式会伤害孩子的自尊心，从而激起孩子的抵触情绪。

第二，愧悔不责，即在孩子主动认识到错误，并且非常懊悔的时候，就不要再去责骂孩子了，因为家长咄咄逼人、不依不饶的责骂只会让孩子的情绪变得更加不稳定。

第三，暮夜不责，即不要在晚上或者是孩子临睡前责骂孩子，因为孩子会因为家长否定的话语而不得安眠，这非常影响孩子第二天的情绪状态。

第四，饮食不责，即不要在孩子吃饭的时候去责骂他，吃饭原本是一件非常令人愉悦的事情，但父母的责骂会让孩子产生心理压力，影响到肠胃的消化。

第五，欢庆不责，即不要在孩子非常兴奋的时候责骂他，这时候家长的责骂会让孩子的情绪瞬间跌入谷底，孩子也就会从刚开始的欢庆鼓舞变得闷闷不乐。

---

① 梁海明. 颜氏家训 [M]. 太原：山西古籍出版社，1999：12.
② 司马光. 潜虚（卷3）[M]. 北京：中华书局，1985年影印版：63.

第六，悲忧不责，即不要在孩子哭泣或者伤心的时候责骂他，哭泣并不是软弱的表现，而是孩子正常的情绪宣泄。对于孩子来讲，如果在哭泣时还要受到家长的责骂，他会更加难过。

第七，疾病不责，即在孩子被病痛折磨的时候，家长就不要再责骂孩子了，这时候如果再责骂孩子，不利于孩子身体健康的恢复。

可以看到，对父母在这七种情形下不责备孩子的劝诫，实际上是从维护孩子尊严、身心健康角度出发做出的"底线守护"。我们可以发现，实际上传统文化中父母教子都是张弛有度、互为掣肘的。

然而，当代许多父母对其"只知其一不知其二"，总以自己片面狭隘的理解去分析或者断章取义。试想，如果父母真的能严格遵循古法，哪怕仍以"责"作为鞭策孩子的主要方式，但只要有"七不责"作为"底线守护"，那亲子间的关系是无论如何都不可能走到"剑拔弩张"这一地步的。

因为"七不责"的出发点正是爱。

家长纵然有千万条责备孩子的理由，可是若家长能在众人面前守护孩子的自尊，体谅孩子本就惭愧后悔的心情，重视孩子身心的健康发展等，那就是对孩子深沉爱的体现，而不是将这些理由变为个人愤怒情绪的发泄口。

总而言之，将传统文化中这一宝贵的教育思想沿袭到"铁三角"理论模型对"爱"的解释中，那便是慈严相济、不溺爱、不娇纵。

不过，在新的时代背景下，我们对"慈"的内涵应该有新的理解：一方面，它需要超越古代以"恭顺"和"孝悌"为前提的"慈"，即这种爱不应以条件交换为前提，没有任何的原因和理由，不带有任何显性或潜在的目标期许；另一方面，它需要彻底摆脱子女对父母人身依附的私有属性，让他们更多地以平等和受尊重的个体形象出现。因此，"慈"的内涵至少应该包含平等、理解、关心三个方面的内容。有了这个前提，传统家庭教养中教育内容上的伦理倾向、教育方式上的家长权威等倾向都可以留存，中国传统文化影响下父职难以建构、私密性、情感性角色难以介入等问题也都可以被接纳。

爱的表达方式多种多样，谁规定了爱就必须大声说出来呢？在中国含蓄文化的语境中，父亲常以他独有的沉静诠释着父爱的深沉与伟岸，大爱也可以无声、严厉，甚至可以责罚。所以，不要用西方那套话语体系来"PUA"我们自己的传统文化了。

第五节　如何爱：榜样和边界

一、将榜样作为爱的正极

网络上有这样一句对家长日常教育孩子的描述："焦虑在心里，唠叨在嘴上，行动上无力，氛围上无感。"它指出了家长通常只是纯粹的焦虑，或者说，通常只是停留在嘴上的焦虑。

这种焦虑非但驱动不了孩子，反而容易成为孩子沉重的负担。

那么，如何把嘴上的焦虑转化为行动呢？

答案很简单——榜样！

简单来讲就是强调家长要以身作则。关于这一点，我们有相应的成语"言传身教"做解读。"言传身教"这一成语出自南朝宋范晔的《后汉书·第五伦传》："以身教者从，以言教者讼。""上行下效""现身说法""身体力行"等表达的意思也都与之相近。"言传身教"是中国家庭教育的优良传统，比如，"曾参杀猪"这样千百年来流传不衰、脍炙人口的故事，就是在告诉家长用自己的行动教育孩子言而有信、诚实待人。

榜样的传统文化根基之所以如此根深蒂固，主要有以下两方面原因。一是中国的传统文化普遍认为家长的言行对孩子起着潜移默化的熏陶作用，家长也倾向于采用家训、家书的形式，用自己的亲身经历和亲身感受来训诫子女，起到榜样示范的作用。流传至今的《颜氏家训》有言："人在年少，神情未定，所与款狎，熏渍陶染，言笑举动，无心于学，潜移暗化，自然似之"[①]，"夫同言而信，信其所亲；同命而行，行其所服"[②]。后边一句话的意思是，同样的一句话，人们总是相信亲近的人；同样一个命令，人们总是听从自己敬佩的人。二是儒家所提倡的"修身、齐家、治国、平天下"的理论中，修身是所有的基础；一个人只有对自己的人格进行培养与塑造，才能影响他人。在第一章中我们也讲了许多传统亲子关系中的父母权威问题，而权威的树立有一个不可忽视的基本前提条件：承认父母在心智成熟、生活经历、社会关系、社会角色等方

---

① 梁海明. 颜氏家训 [M]. 太原：山西古籍出版社，1999：58.
② 梁海明. 颜氏家训 [M]. 太原：山西古籍出版社，1999：3.

面确实比子女有优势，能够为他们提供相对科学的人生指引。可问题是父母真的具备这些优势、具有这些能力吗？因此，孔子主张正人先正己，"其身正，不令而行；其身不正，虽令不从"①，孟子更是以反讽的口吻指出"吾未闻枉己而能正人者也"②。

在"铁三角"理论模型中，榜样的示范作用完全承袭于传统文化，即家长对子女有任何期许和要求，都应该自己首先做到，而只有自己以身作则，才能影响子女。也就是说，改变孩子，要从审视自己开始，因为孩子是父母行为的见证者，他们在对父母行为的社会性反思中，形成自己的是非观和价值判断；父母的一言一行，孩子都看在眼里、记在心里；而只有父母的榜样让孩子从心底生出力量，他们才会有勇气、有方法、百折不挠地为自己的未来奋力一搏。举个例子，很多家长在咨询时反映孩子不自信，其实家长在生活中可以对自己说正面的积极的话语，保持自尊的姿态、乐观的态度，让孩子听到，让孩子看到家长不放弃的态度。这会对孩子非常有帮助。所以，我们在生活中也常说，孩子是家长的一面"镜子"，不断提醒家长自己本身哪里做得不够好，家长可以通过孩子的行为反馈发现很多不自知的问题，而这也是家长进行自我修行的良好途径。

我们以前述控制型父母所使用的"内疚式教育"为例——它的核心本质是让孩子从内疚的负面情绪中找到前进的动力。可问题是，即便父母最终触发了这种前进的动力，但由于它并非来源于孩子本身，而是来自父母，是愧疚感让孩子不得不努力，所以这种内驱力是沉重的；而负面的沉重的内驱力是无法持久的，最终只会让孩子像长期紧绷的橡皮筋一样被扯断，这也解释了为什么明明之前学业成绩还不错的孩子会突然成绩崩盘、精神崩溃，也能解释众多高考生以"满天飞舞、犹如六月飘雪"的"撕书"方式来庆祝"再也不用学习了"的狂欢……

所以，家长与其将自己放在"受害者"的角度，让孩子产生内疚，不如让自己跑在孩子前面，做孩子的榜样和引路人。当孩子发现父母的闪光点时，他就会积极地向父母靠拢，这种内驱力才是积极的、轻松的。

中华民族一向重视文明传承。家风既是社会风气的源头，也是价值信仰的源头。好的家风离不开父母的言传身教，正是这种示范效应潜移默化地改变着孩子的行为，塑造着孩子健康的人格，让孩子在知行合一的感悟里实现快速成

---

① 程昌明. 论语 [M]. 太原：山西古籍出版社，1999：138.
② 梁海明. 孟子 [M]. 太原：山西古籍出版社，1999：153.

长。所谓家风，其实就是孩子在家长行为环境的耳濡目染里形成的一套独有的做事方式；同样地，所谓家训也并不是只讲道理，而是需要父母以身作则，以自己的实际行动让孩子理解并学习。

二、以边界来避免爱变成控制

边界是家长对自己与孩子间关系界限的判定。根据乔治·戴德的自我边界理论，没有人可以让别人产生特定的感觉、情绪和行为，他人的感受是"他们自己的选择，是由他们自己的体验、需求以及能够影响他们反应的任何其他事物决定的"[①]。具体到家庭教育中，就是家长虽然对界限有着绝对的判定权，但也要了解孩子是独立的个体，家长应依据他们不断发展变化的身心特征给予其独立自主的空间，既不代劳也不逾越干涉。

要真正厘清这个概念，我们还需要引入一个"问题归属"的概念，即每个问题都有自身的边界，谁有问题，谁来解决。换言之，就是要尊重孩子对问题的所有权，将问题留给当事人自己解决，而不把解决问题的责任转移给他人。

家长正确区分需求归属的能力非常重要，这正是帮助家长避免将"爱"变成"控制"的关键所在。每当家长对孩子有要求时，先想一想这究竟是孩子的需要还是家长自身的需要。当然，由于心理投射作用，我们很容易以为是孩子的需要，这时就要跟孩子充分沟通，核实他的想法。实际上，如果家长日常生活中经常把孩子当作独立的个体予以尊重和爱，那么孩子真正需要家长的时候，就会无所顾忌地直接张口要求，而不需要家长来当裁判或揣摩。

任何越界的揣摩和猜测本质上还是家长操控孩子的借口。所以，家长能做的就是让孩子感受到爱，保持双方边界感的终极目标是维系亲子间的信任，畅通亲子日常沟通交流的渠道。而日常生活中表达爱的方式有很多，每个家庭都可以采用自己习惯且父母和孩子都能接纳的方式，尤其是能够让彼此都感觉舒适自然的方式。

美国著名的婚姻家庭专家盖瑞·查普曼博士曾提出"爱的五种语言"，他大致整理了五种伴侣间的"爱的语言"，但实际上这些语言也值得家长与子女在日常表达"爱"的过程中借鉴。它包括肯定的言辞、有品质的时刻

---

① ［澳］乔治·戴德. 自我边界[M]. 李菲, 译. 南京：江苏凤凰文艺出版社, 2019：59.

（给予对方全部注意力的时刻，即高质量的陪伴）、礼物、服务的行动、身体的接触。多数经历过恋爱和婚姻过程的父母通过字面意思就能马上抓住这五种语言的要点。这里要特别注意的是肯定的言辞，因为它很容易与前面我们讲的表扬混淆，这两者根本的不同之处在于：肯定的言辞在使用上是一种对等的关系，而表扬则带着一种居高临下的意味，是家长因为孩子满足了自身的需求而给予的褒赏。它可能导致的问题前文已经用专门的篇幅解释过，这里不再赘述。

家庭教育中的边界出现问题，无外乎表现为两种情况：一种是本该属于孩子的事情，父母却承担了解决问题的责任，而不是鼓励孩子自行解决；另一种是家长在对孩子的行为、习惯培养、品格塑造中，总伴随着控制力的渗透。

要知道，每个人都要对自己的情绪和行为负责，我们不能逾越界限，无底线地控制和要求他人。那么，如何判断这条"底线"在哪里呢？我们在判断时，可以问自己以下三个问题：孩子的这个行为干扰父母和他人的权利了吗？影响父母和他人满足自己的需求了吗？会对孩子自己的身心健康产生影响吗？如果三个问题中，任意一个的答案是肯定的，家长就必须介入并干预；如果所有答案都是否定的，那么家长完全可以在这条"底线"的守护下，最大限度地鼓励孩子对自己的行为负责。说到底，这条"底线"的标准就是不伤害自己、不影响他人、不破坏环境。

相比于前两条具有深厚文化底蕴的要素爱和榜样，边界是对中国传统家庭教养方式的突破。因为相较于西方边界清晰的"团体格局"，中国传统社会可自如伸缩的"差序格局"中对家庭边界的定义历来是含混不清的，更不要说家庭中个体成员的边界了。值得庆幸的是，伴随着个人意识的觉醒和社会舆论的引导，年轻一代的个体边界意识愈发强烈。

如果深入考究，我们会发现实际上古代家庭教育也有一些朴实的对边界感重要性的认知。

比如，孟子曾提出"易子而教"的主张，它可以作为对边界不清晰结果的警示。

"易子而教"的原文如下。

公孙丑曰："君子之不教子，何也？"

孟子曰："势不行也。教者必以正，以正不行，继之以怒。继之以怒，则反夷矣。'夫子教我以正，夫子未出于正也。'则是父子相夷也。父子相夷，则恶矣。古者易子而教之，父子之间不责善。责善则离，离则不祥莫大焉。"①

这段话的大概意思就是，公孙丑问孟子："君子不亲自教育自己的孩子，是什么道理呢？"孟子回答说，是由于在情势上行不通。教育孩子必定要用正道，孩子如果听不进去，父亲就会发怒，那么父子之间的感情就会因此受到伤害。此外，如果孩子反诘父亲的言行并不都是依循正道，这岂不是又伤害了父亲？如此一来，父子之间的感情受到伤害而互相指责，关系就恶化了。古时候的人把自己的孩子送给别人来教导，父子之间不以善来互相责备；以善来互相责备就会产生隔阂而互相分离，造成互相分离的结果就不好了。

简单地说，就是孟子认为教育会让父子之间求全责备，进而疏离亲子之情，所以建议君子不要亲自教育自己的儿子。这其中至少能看到两层观点：第一，中国传统文化中，哪怕再重视教育，如果它与亲子之情发生了冲突，那么教育也应该为亲子关系"让道"，这不正契合了对亲子间爱的流通的感知或者说亲情本身恰恰是远超一切"术"的底层逻辑吗？第二，传统家庭教育理念已经明确父子之间可能会出现边界模糊导致感情受挫的情况。只是我们没有使用西方那套有关边界的话语体系，而是隐约意识到家庭中父母教子的这套逻辑与"正"讲"理"的这套逻辑是互不相通的，应该各行其道。

家庭教育中以"情"为重的这套逻辑，与社会教育中以"法理"为重的逻辑互不相通、不可混淆的意识还体现在我们传统文化的许多方面。最经典的是《论语·子路篇第十三》中的一段话。

叶公语孔子曰："吾党有直躬者，其父攘羊，而子证之。"孔子曰："吾党之直者异于是。父为子隐，子为父隐，直在其中矣。"

这个故事中，叶公对孔子说："我们那里有一个特别正直的人，他的父亲偷了别人的羊，于是他把父亲报了官，并亲自指证他。"叶公本来是想借此得到孔子的赞赏，没想到孔子却回答说："我们那里的正直跟你们那里的正直不一样，我们那里父亲偷了羊，儿子会替他隐瞒，儿子偷了羊，父亲会帮儿子隐瞒。"

这里要补充说明的是，对"偷羊"的行为而言，孔子是不可能不反对批评的，只是在这一具体事件中，孔子想通过这种极端争辩警示民众：亲情是人类的天性、对亲情的维护是维护社会伦理的根本基础；而父子之间相互告发带来

---

① 梁海明. 孟子 [M]. 太原：山西古籍出版社，1999：124.

的伦理道德伤害，要远远大于偷羊之类错误行为所带来的财产损失。这与2011年8月媒体铺天盖地地报道并称颂"不再鼓励'大义灭亲'是法律回归了常识轨道""是社会的进步"其实是同样的立场。因此，我们在看待孔子这段评价的时候切勿断章取义，一味以对错来褒贬孔子，而要分清他背后用意之深、意境之远。

也就是说，对父亲偷羊的行为，孔子主张儿子并不需要给父亲讲道理，比如说偷东西是不对的，而是分清楚那是父亲的事，孩子要做的是自己的事情。孩子别老想着纠正父母，也别去做父母的"父母"，因为这会使家庭秩序变得混乱；父母会过度依赖孩子；孩子会感受不到父母的爱。这里对家庭秩序的强调，对父母、孩子应该各司其职的强调，实际上正是对边界感的重视。

父母的身份和角色在《周礼》这套以强调身份等级为重要特征的理论当中得到了进一步的强化，它指出不同角色要根据自己的权利来承担相应的责任。

在中国传统的家庭文化中，秩序是很重要的。儒家所说的"次第"正是强调了一个家庭里的秩序，它认为一个人心中有了次第的概念，家庭才有秩序，有了秩序，家庭才能稳固。孔子所说的"君君、臣臣、父父、子子"就是强调每个人在日常生活中都应该恪守其道，履行自己的职责，具体到家庭中，即父母承担父母的责任，孩子承担孩子的责任，大家都不要越权、越界。当孩子的不要妄图做父母的"父母"；当父亲的不要抱着"巨婴"的思想不放，更不要让孩子揣摩、照顾自己的情绪，要学会把教育引导以孩子愿意接受的有爱的方式传递给孩子。因此，边界的建立在家庭教育当中至关重要。

虽然我们将对"边界"的讨论放在了本章的最后，但它实际是另两边得以实施的前提，因此在"铁三角"理论模型中最为重要和关键：对爱而言，爱是有边界的爱，而非毫无原则的讨好和牺牲。首先，既然父母和子女之间是一种平等的关系，那么，他们对尊严和尊重有着同等的要求，故而厘清边界的第一要素就是爱自己；与此对应的是，父母爱自己，提高自己的人生质量意味着不能将自己裹挟在孩子的一切事务中。其次，爱孩子也意味着父母不能扶持孩子一辈子，必须培养孩子独立解决问题的能力，不可代劳；爱孩子也并不意味着以爱之名加以控制，所以也不可逾越边界。对榜样而言，父母只拥有决定自己做什么的权利，但其他人要做什么，父母决定不了；既然父母只能决定自己，那么，所有希望孩子具有的品质和能力，自己都要先成为榜样，或者至少向孩子展示自己在不断追求这些好品质、在不断提升自己能力的路途上。

综上,"铁三角"理论模型中,三要素之间的关系与内在逻辑如图 4-1 所示。它更适合用能昭示万物运动奥秘的中国"太极图"的方式来呈现。

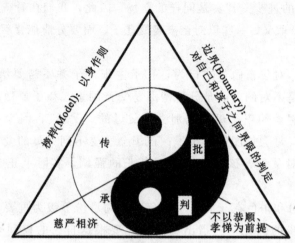

图 4-1 "铁三角"理论模型

其中,"爱"是底色,它强调所有的家庭教育都必须在爱的基础土壤上滋养发生,它对传统文化的继承在于慈严相济,但它也有对传统文化进行批判的一面,即不以子女的恭顺、孝悌作为交换父母"慈"的条件;而榜样和边界则是教父母如何爱孩子。其中,榜样是对父母正向的表率(榜样示范)行为的肯定与鼓励,所以它代表了爱的正极,由于它是对中国传统文化的完整传承,因此在"太极图"里它是阳面;同时也要注意边界,不代劳也不逾界,不妄图控制,由于边界是对父母行为反向的警示与约束,所以它代表了爱的负极,以及对传统文化里边界不清的批判,因此在"太极图"里它是阴面。

在这个理论模型中,如果只有正极(阳性),孩子会现实感弱,没有价值感;如果只有负极(阴性),孩子会丧失安全感和归属感。需要注意的是,正如阿德勒所说的,对归属感和自我价值感的追求,是个体生存的首要目的。

此外,家庭教育中所有冲突与矛盾的产生都必然是因为模型中的某一边或某几边出现了问题。根据一般的排列组合方式,个体家庭教育中出现的问题冲突可能会有七种具体情形,它们几乎对应了所有问题的成因,实际上也对应了相应指导策略的出发点。换言之,问题的呈现形式虽然有七种,但解决策略是"铁三角"理论模型的三边同时推进。这也是指导师在文化自信的引领下,充分尊重个体家庭交往模式及修复机制的"至简"选择。关于七种情形(总结归纳以后主要有三种表现最为突出的情况)究竟有哪些表现特征,作为指导师又该如何以"至简"方式应万变,本书的最后一章会进行专门系统的分析与讲解。

最后,我还是想拿鲁迅的那篇《我们现在怎样做父亲》的选段作为本章节的收尾。因为该文提到的一些思想和现象至今仍然存在,它所表达的道理到现在也不过时,所以实在是一篇值得反复阅读的文章,这也是经典永流传的力量。

我现在心以为然的道理,极其简单。便是依据生物界的现象,一、要保存生命;二、要延续这生命;三、要发展这生命(就是进化)。生物都这样做,父亲也就是这样做。

……

所以觉醒的人,此后应将这天性的爱,更加扩张,更加醇化;用无我的爱,自己牺牲于后起新人。开宗第一,便是理解。往昔的欧人对于孩子的误解,是以为成人的预备;中国人的误解,是以为缩小的成人。直到近来,经过许多学者的研究,才知道孩子的世界,与成人截然不同;倘不先行理解,一味蛮做,便大碍于孩子的发达。所以一切设施,都应该以孩子为本位,日本近来,觉悟的也很不少;对于儿童的设施,研究儿童的事业,都非常兴盛了。第二,便是指导。时势既有改变,生活也必须进化;所以后起的人物,一定尤异于前,决不能用同一模型,无理嵌定。长者须是指导者协商者,却不该是命令者。不但不该责幼者供奉自己;而且还须用全副精神,专为他们自己,养成他们有耐劳作的体力,纯洁高尚的道德,广博自由能容纳新潮流的精神,也就是能在世界新潮流中游泳,不被淹没的力量。第三,便是解放。子女是即我非我的人,但既已分立,也便是人类中的人。因为即我,所以更应该尽教育的义务,交给他们自立的能力;因为非我,所以也应同时解放,全部为他们自己所有,成一个独立的人。

这样,便是父母对于子女,应该健全的产生,尽力的教育,完全的解放。

鲁迅指出"父母对于子女,应该健全的产生,尽力的教育,完全的解放",也就是说,父母子女间最关键的是"爱",有了爱才有亲切的抚养、关怀、教育,使子女健康成长。这样,父母与子女不会疏离,父母不必担心子女"解放"以后会与自己疏隔。"解放"了的子女在受教育、长才干等方面更有独立意识，更增强了工作能力，生活道路自然更宽广。父母与子女之间解除了强制的封建管束，矛盾减少，关系自然更融洽。这种良好的家庭关系，正是新时代的需要，而要达到此目的，"根本方法，只有改良社会"，即社会变革以后才会产生好的家庭。因此，他提倡，"觉醒的父母，完全应该是义务的，利他的，牺牲的……中国觉醒的人，为想随顺长者解放幼者，便须一面清结旧帐，一面开辟新路"。

这也是中国式现代化家庭教育中家长应该履行的基本职责。

第五章　"铁三角"理论模型经得起考验吗

前边我们详细介绍了"铁三角"理论模型产生的背景和内容，那么"铁三角"理论模型经得起考验吗？我们如何验证"铁三角"理论模型的适用性呢？

本章采用多案例研究的方法进行演绎式推理。案例研究方法比较适合解决"如何"和"为何"之类的问题，尤其适用于探索性的理论构建类研究。虽然案例研究方法在研究结论的外部效度和适用性方面常常引发争议，但是多案例研究的设计在一定程度上可以提高其研究结论的外部效度。[①]

为此，我们将名人的传记、家训等作为一手资料，同时，为了更好地验证"铁三角"理论模型，我们将古今、中外也做了跨案例分析，以提供一般化和可靠的结论，增强研究的信度和效度。此外，我们也遵循了 Glaser 和 Strauss (1967) 多种数据来源的建议，通过一些零散、碎片化的多来源数据对研究数据进行"三角验证"。

具体来说，本章节的数据来源主要有以下几种：一是图书市场上已经正式出版的名人传记专著（之所以使用专著而非编著，是因为我们将编著定性为二手资料，它通常带有作者更多的价值立场，而在一定程度上干扰数据资料的信度），这种资料文本合计超过 100 万字，为我们提供了极为翔实的文字资料；二是一些家训体裁的档案文件，如日记、散文、书信、家训故事等，它们使得数据多样化，可以对作为主来源的研究数据进行"三角验证"；三是网络公开的视频资料及文字资料等，它们由专家、学者或亲子沟通工具的开发者直接通过网络途径传播，通常是针对具体冲突事件提出的答疑解惑方法。这些方法一般具有普适性与代表性，为我们拓展研究视角、丰富研究内容提供了较好的支撑。

---

① Yin R K. Case study research: Design and methods [M]. Thousand Oaks: Sage, 1994: 63.

不同于大样本研究中的随机抽样，案例研究的抽样规则是理论抽样，而非统计抽样。理论抽样所选取的案例须体现所研究问题的独特性，而非仅仅考虑数据的易获取性和行业的代表性等表层因素。因此，我们也并未以人物本身的知名度或代表性作为遴选原则，而更多考量的是有关人物的家庭教育成长史料是否足够完整和真实。

然而，这里仍然存在一个难以避开的问题，即人物通常越有名，有关其个人传记的版本就越多，最终遴选哪个版本，遴选的依据又是什么呢？

我们的考量是，首选名人书写的自传，这点在西方的许多案例里很容易执行到位；但是对于"生不立传"的含蓄的中国案例来说就困难重重了。对此，我们优先选择有史学经历的作者书写的专著，尤其是该史学家关于该名人的传记得到业内人士的肯定，或者得到当事人本人的审定与认可；最后选择的是与当事人有过直接接触、访谈或观察经历的作者书写的专著。

而凡以"编著"为名的都未纳入我们对原始数据进行搜集的考量范围；对于有家庭教育专业背景的作者尤其回避，这主要是防止他们在编写的过程中受到专业背景的影响，对整个家庭养育线索的处理变得过于主观刻意。

总而言之，我们对案例所有的精心筛选，目的只有一个——减少信息偏差，提高研究的信度和效度。

第一节　中国家庭养育案例的验证

与西欧国家比较成熟的自传体纪实文学不同，"生不立传"是中国史志的重要传统之一，古往今来我国各大名家都倾向于采用修家谱、追溯祖先等非常含蓄、低调的方式"立传"。具体来说，有的是把传记"藏"在序里——中国历史上最早的自传司马迁的《太史公自序》，就是如此。它是中国第一部纪传体通史《史记》的序言，这意味着我国使用自传体的文学风格时间要远远早于西欧。只是，它有五分之四的篇幅都是围绕《史记》谋篇布局的思想和具体内容展开，只有起始的五分之一是关于司马迁家世背景、出生时地、求学经历、仕宦之途的具有自传色彩的内容。

有的是把传记"夹杂"在诗里，比如陶渊明的《五柳先生传》。需要特别说明的是，陶渊明虽然号五柳先生，《五柳先生传》的名字也像是对魏晋南北朝时期自传逐渐摆脱了作为史书附庸地位的证明，但是此"传"不同于彼"传"，它主要叙述的是五柳先生的生活、志趣，在写作手法上它采用的是虚构式的自传书写模式，通过"五柳先生"来"颇示己志"，所以学界仅把它作为我国古代自传体向纯文学发展的一种代表，与纪实文体相去甚远。

还有的是借教训子女追溯家事，当然，这种代表性的作品就更多了。诸如三国时期诸葛亮的《诫子书》、南北朝时期颜之推的《颜氏家训》、北宋时期司马光的《家范》，以及清代晚期曾国藩的《曾国藩家书》等。

这就让我们的研究在案例选取上面临较大的难题。中国的案例，我们选取的都是具有史学背景的作者专著，他们的传记要么得到了当事人的审定和认可，要么他们曾经与当事人有直接深厚的交往，要么他们曾以采访面谈、直接观察的形式真正走进这些名人的真实生活……总之，一个共同的根本原则是：这些作者都不同程度地真实靠近过他们笔下的名家。

为了讲清楚这些作者及他们笔下人物传记的故事，这部分我将以"作者背景""人物速写"和"家庭养育"三大模块来呈现。其中，"作者背景"是为了证明整个事件描述的信度，"人物速写"是为了让读者对人物所取得的成就有一个概括性的了解，"家庭养育"则直接还原个体养育过程本身。

除此之外，笔者还用括注的形式，对原文文本进行解读，突出说明该养育方式对"铁三角"理论模型验证的体现。

一、司马谈、司马迁

1. 作者背景

阎爱民，山东东阿人，1956年出生于天津，历史学博士，现为南开大学历史学院教授。从事中国古代史以及古代婚姻、家族史等方面的教学和研究，著有《中国古代家教》、《汉晋家族研究》、《中国宗族》（合著）等。

2. 人物速写

司马谈（约公元前169—前110年），左冯翊夏阳（今陕西韩城南）人。为汉初五大夫，建元、元封年间任太史令、太史公。有广博的学问修养，曾"学天官于唐都，受易于杨何，习道论于黄子"。父司马喜，子司马迁。

司马迁（公元前145—前87年），字子长，生于龙门（西汉夏阳，即今陕西省韩城，另说今山西河津），司马谈之子，西汉史学家、散文家。司马迁早年受学于孔安国、董仲舒，漫游各地，了解风俗，采集传闻。初任郎中，奉使西南。汉武帝元封三年（公元前108年）任太史令，继承父业，著述历史。他因替李陵败降之事辩解而受宫刑，后任中书令。他以其"究天人之际，通古今之变，成一家之言"的史识创作了中国第一部纪传体通史《史记》（原名《太史公书》）。该书记载了从上古传说中的黄帝时期到汉武帝太初四年间共3000多年的历史，是"二十四史"之首，被鲁迅誉为"史家之绝唱，无韵之离骚"。司马迁被后世尊称为史迁、太史公、历史之父。

☐ 3. 家庭养育（原文）①

　　司马谈为汉武帝时期的太史令，是朝廷的史官。他希望儿子司马迁能成为名优秀的史学家，成就番大事业，所以就有意识地磨炼儿子。（爱：对子有期许，并有意培养）司马迁刚十岁的时候，父亲就让他开始学习汉朝以前的古文文字（籀文）。当时流行的是今文（隶书），古文艰涩难学，学习需要很大的耐心和毅力。几年后司马谈又派他求教于当时有名的大学者孔安国、董仲舒等人。要做历史学问，不能只坐在书屋里死背书本，还应广征博闻，为此，司马谈鼓励儿子到全国去漫游，（爱：鼓励）走一走，看一看，查访风土人情，调研旧闻遗迹，以弥补文献资料上的不足。

　　司马谈的举动是很大胆的，当时司马迁只有二十岁。古代交通很不便利，行路艰难，孤身在外，危险会经常遇到，做父亲的当然知道这些情况；况且，司马迁又是他的独子，何尝不疼爱有加呢？但司马谈的爱子是为儿子从长远着想，要磨炼他的意志，还是毅然送他上路。（爱：父母之爱子，则为之计深远）（边界：即使疼爱孩子，但意识到孩子是独立的个体，还是放手让他自行闯荡）

　　司马迁的这次漫游，走了很多地区，不但搜集了丰富的历史资料，更通过这次远游，感受了先贤的砥砺精神，磨炼了自己坚强的意志。

　　几年后，父亲病倒了，司马迁此时作为朝廷官员刚奉命出使归来，急忙赶至洛阳，见到了病危的父亲。病榻上的司马谈颤抖地抓着儿子的手，父子间作了最后一次长谈。司马氏家族的祖先原是周朝的太史，再往以前更有过显赫的功名，后来家道衰落了，司马谈身为朝

---

① 阎爱民. 中国古代的家教 [M]. 北京：商务印书馆，2013：50-54.

廷的太史令，立志要完与成一部贯通古今的历史著作，（榜样：身为人父，自己先立下完成贯通古今著作的志向）但由于各种原因始终未成。因此，他希望儿子能够继承祖业，立志像孔子写《春秋》那样，完成一部不朽的历史著作。（榜样）

他说：余死，汝必为太史；为太史，无忘吾所欲论著矣。且夫孝始于事亲，中于事君，终于立身，扬名于后世，以显父母，此孝之大者……

自获麟以来，四百有余岁，而诸侯相兼，史记放绝。今汉兴，海内一统，明主贤君忠臣死义之士，余为太史而弗论载，废天下之史文，余甚惧焉，汝其念哉！（《史记·太史公自序》）

司马迁在病榻前一直垂首倾听，含着眼泪表示：儿虽不才，一定要实现父亲的愿望，编成此书，不敢有丝毫懈怠！

三年后，司马迁也担任了太史令，他利用朝廷的藏书和父亲以前整理的资料，开始了《史记》的写作。写作中途，他因直言上疏而得罪了汉武帝，被处以残酷又羞辱的宫刑，精神上受到了极大的刺激，曾打算以死解脱。可是司马迁一想到父亲的遗愿与教诲，"堕先人所言，罪莫大矣！"（榜样：父亲榜样的影响是孩子的精神支柱）加之自己平生的远大志向，坚持活下去，以极大的毅力继续《史记》的写作。

二、梁启超、梁思成

1. 作者背景

罗检秋，湖南浏阳人，1995年获得历史学博士学位，现任中国社会科学院近代史所研究员，博士生导师。主要研究领域为清代至民国的思想文化史、社会文化史。他是20世纪八九十年代最早研究梁启超的学者之一。《新会梁氏：梁启超家族文化史》立足于史料，对梁启超成长为学术大师的成长因素和过程进行了详尽的论述。

2. 人物速写

梁启超（1873—1929年），字卓如，一字任甫，号任公，又号饮冰室主人。

清朝光绪年间举人,中国近代思想家、政治家、教育家、史学家、文学家,戊戌变法(百日维新)领袖之一、中国近代维新派、新法家代表人物。主要作品有《少年中国说:论近世国民竞争之大势及中国前途》《敬业与乐业》《中国历史研究法》《中国近三百年学术史》《新民说》《饮冰室主人自说》《中国文化史》《饮冰室主人全集》《李鸿章传》《王安石传》《饮冰室合集》《中国历史研究法补编》《唐代集会总集与诗人群研究》。

梁思成(1901—1972年),籍贯广东新会,生于日本东京,毕生致力于中国古代建筑的研究和保护,是建筑历史学家、建筑教育家和建筑师。曾任中央研究院院士、中国科学院哲学社会科学学部委员,参与了人民英雄纪念碑、中华人民共和国国徽等作品的设计。1963年,梁思成设计了扬州"鉴真和尚纪念堂"。建筑于1973年建成,1984年,荣获中国优秀建筑设计一等奖。1988年8月,中华人民共和国国家科学技术委员会颁发证书,表彰梁思成教授和他所领导的集体在"中国古代建筑理论及文物建筑保护"的研究中做出的重要贡献,被国家科学技术委员会授予国家自然科学奖一等奖。

3. 家庭养育(原文)[①]

梁启超洋溢着深沉的父爱,践行了"没有爱就没有教育"的原则。他一生奔忙于国事,日理万机,却为儿女们的成长倾注了大量心血。他自称是"最富于感情的人",而对于孩子们的感情"十二分热烈"。他重视与子女沟通,写给海外留学子女的数百封家书充满了无微不至的关怀,大到人生道路,婚姻家庭,小到衣食消费,作息养身,均耐心开导,润物无声。("爱":对子女的关爱与关怀)

在百忙之余,他有时也为梁思顺等人讲书,批改日记和作文,不辞辛劳,甚至通宵达旦。他是儿女们的良师益友,但又如信中所说:"爹爹虽然是挚爱你们,但却从不肯姑息溺爱,常常盼望你们在困苦危险中把人格能磨练出来。"因而,他一旦发现子女有学习、生活上的问题,就及时引导、帮助。("爱":关注对子女人格的培养,同时不溺爱)

[①] 罗检秋. 新会梁氏:梁启超家族文化史[M]. 济南:山东画报出版社,2018:13-20.

梁启超尊重儿女的个性和专业爱好，为之提供了自由发展的空间。梁家子女的性格和专长各不相同，而梁启超总是循循善诱，彰显其长。他晚年离开政坛，感慨"做官实易损人格"，希望梁思成学建筑学，梁思忠学工程学，以便兄弟俩通力合作，但父亲的设想未必切合实际。对此，梁启超尊重儿子的兴趣、特长，赞成梁思成研究古代建筑史，梁思忠学习军事，投身于政治。

鉴于思成、思永侧重于人文学科，他希望思庄学习自然科学，但因客观条件和个人兴趣，梁思庄不想按照父亲的设想学习生物学或化学，梁启超得知她对生物学没有兴趣后在信中说："听见你二哥说你不大喜欢学生物学，既已如此，为什么不早同我说？凡学问最好是因自己性之所近，往往事半功倍。我所推荐的学科未必合你的式，你应该自己体察做主，不必泥定爹爹的话。"（尊重孩子的选择，不做过多干预，并反思自己为子女做过的决定）

梁宝瑛的父亲晚年生病十余年，有时卧床数月不起，他总是日夜侍候，衣不解带，十年如一日；长兄早逝，他事长嫂如母，教养三个侄子如同亲生。他以勤俭律己，也不准子侄养成懒惰习惯，在督促其学习之外，还要求他们参加一些田间劳动。（榜样：践行孝道）

梁启超一生多变、善变，而爱国之心不改，这种理念也贯穿于家教之中。他在世时言传身教，做梁家"兄弟姊妹的模范"。其后，《饮冰室文集》仍是梁家子女的精神食粮。梁思礼等人一再提到受父亲的爱国主义思想感染。事实上，抗战期间，梁思顺拒绝出任伪职，梁思成夫妇不畏艰苦和病魔，放弃去国外工作的机会，梁思礼学成归国，均表现了深厚的爱国情怀，也与父亲的思想熏陶不无关系。（榜样：磨砺人格，深爱祖国）

王夫人原来没有文化，成年之后才开始读书。她是全家第一个学会日常日语的，后来她也学会了26个英语字母，常督促儿女们背记英语单词，如果背错了，她就指出来。在孩子们眼中，娘是勤劳而又毅力坚强的人。做完家务后，她总是陪着孩子们读书写字，自己也跟着学习。（榜样：勤奋好学，和孩子共同进步）

三、曾国藩、曾纪泽

1. 作者背景

作者阎爱民，在"一、司马谈、司马迁"部分已经介绍，这里不再赘述。

2. 人物速写

曾国藩（1811—1872年），初名子城，字伯涵，号涤生，宗圣曾子七十世孙。中国晚清时期政治家、战略家、理学家、文学家、书法家，湘军的创立者和统帅。清政府曾在他的倡议下建造了中国第一艘轮船，建立了第一所兵工学堂，安排了第一批赴美留学生。而以曾国藩为首的汉族地主经世派的崛起，促使清地方官员中满汉比例发生变化，"外轻内重"的局面开始出现。曾国藩还创立晚清古文的"湘乡派"。与胡林翼并称"曾胡"，与李鸿章、左宗棠、张之洞并称"晚清中兴四大名臣"。

曾纪泽（1839—1890年），字劼刚，号梦瞻，清代著名外交家，也是中国近代史上第二位驻外公使，与郭嵩焘并称"郭曾"。曾纪泽自幼受严格教育，通经史，工诗文，并精算术，受洋务运动影响，力学英语，研究西方科学文化，被誉为"学贯中西"。曾纪泽的外交思想在中国外交史上的地位是不容忽视的，他是中国近代史运用现代意义上的外交思想成功办外交的第一人。其力主"经世致用"，将中西学养和政治理念转换为外交思想，运用到外交活动中。英国驻俄公使称其"凭外交之力从俄国将已被占领的土地取回来，曾侯委实还是第一个做到这一件事情的人"。

3. 家庭养育（原文）[①]

  曾国藩的家教是非常尊重子弟们自身的人格。曾国藩本人从不摆大家长唯我独尊的架子，而是以一种近乎平等的态度，像朋友那样推心置腹，像蒙师那样循循善诱。他在书信中教育子弟时，常是协商的口气，（爱、边界：尊重子弟；同时承认子弟是独立的个体，跟其协商，边界清晰）使他们感到父兄的教诲是真挚可亲的。（爱：悉心教诲）

[①] 阎爱民. 中国古代的家教 [M]. 北京：商务印书馆，2013：210-211.

曾国藩批评弟弟们懒惰，希望他们能"勤敬"，但他首先检讨自己，说："诸弟不好收拾洁净，比我尤甚"，然后再说"余深悔往日未能实行此二字也，千万叮嘱"。劝谕弟弟们应为儿侄树立个好榜样，自身先勤敬起来。（榜样：检讨自己，以身作则）

曾国藩的儿子曾纪泽二十岁初次参加乡试没有考中。他不喜欢攻读那些专门应付科举考试用的枯燥的八股时文，去信问父亲想将八股文暂搁置一边，学些别的内容。曾国藩虽然知道八股文为科举考试必经途径，然而还是尊重了儿子的意见。（边界：承认孩子是独立的个体，尊重他的意见）复信建议他是否练习作赋，说："此事比之八股文略有意趣，不知尔性与之相近否？"后来看到儿子对八股文实在没兴趣，就鼓励他在其他方面多努力。（爱：鼓励）曾纪泽写字、读书理解力强，作诗文的能力差些。国藩对他说："尔看书天分甚高，作字天分甚高，作诗文天分略低。若在十五六岁时教导得法，亦当不止于此。"在鼓励中也指出了儿子的弱处，不是简单指责儿子不用功，而是说自己以前的教导不得法，有一半的责任。他勉励纪泽自己发奋，（爱：是鼓励而不是指责）说：尔"今年已二十三岁，全靠尔自己扎挣发愤，父兄师长不能为力。作诗文是尔之所短，即宜从短处痛下工夫。看书写字尔之所长，即宜拓而充之"。（曾国藩《曾文正公全集·家训》）

四、杨振宁

1. 作者背景

作者杨建邺是华中科技大学物理学院退休教授。1996年，他萌发了写《杨振宁传》的念头，随后他写信给杨振宁，但接到的回信说："现在不是时机。"时至2002年，杨建邺已经搜集了大量资料，这次他采取了"先斩后奏"的方式先行出版。结果，2004年杨振宁回国到清华大学以后，有次碰巧在书店里发现了这个版本的《杨振宁传》，认为该传记中的很多资料并不准确，随后写信给杨建邺，让他到家中一叙。两人交流之后，杨建邺对原有版本进行了大幅修改，而且扩充了大量内容，这才有了2012年《杨振宁传（增订版）》的出版。

杨振宁对此评价道："很多年过去了，有新的事情发生了，更重要的是，杨建邺把他这许多年所搜集的关于我的材料整理了一下，所以现在的版本比原有版本厚三倍。"由于得到了杨振宁先生本人的审定认可，该书被誉为有关杨振宁的最厚实、最全面、最专业的一部传记。

2. 人物速写

杨武之（1896—1973年），本名克纯，号武之，1896年4月14日生于安徽合肥，数学家、数学教育家。长期在清华大学和西南联合大学数学系任系主任或代主任，是我国早期从事现代数论和代数学教学与研究的学者。

杨振宁，1922年10月1日生于安徽合肥，清华大学高等研究院教授，香港中文大学博文讲座教授，中国科学院院士、美国科学院院士。1949年，他与恩利克·费米合作，提出基本粒子第一个复合模型。1956年，他与李政道合作，提出宇称不守恒定律，共同获得1957年诺贝尔物理学奖。1997年紫金山天文台将其发现的一颗国际编号为3421号的小行星命名为"杨振宁星"。

3. 家庭养育（原文）[①]

杨振宁的父亲杨武之离开祖国去留学时，杨振宁仍在襁褓之中，五年过去，当他们再次见面之时，杨武之问他："你念过书没有？"杨振宁回答："念过。""念过什么书呢？""念过《龙文鞭影》。"杨武之高兴地说："那你就背一段给我听听，可以吗？"杨振宁从小聪慧，背书实在不在话下，他流利地背了一大段，杨武之又问："书上讲的什么意思呀？"这让杨振宁傻了眼，老师只让他们死记硬背，没有讲过是什么意思，于是他小心地回答说："不知道。"杨武之并没有责备儿子，反倒送了一支钢笔给儿子。杨振宁从来没有见过这种"自来水笔"，因此既惊讶又高兴。（爱：鼓励，不苛责）

杨振宁的父亲杨武之是一位数学教授，杨振宁回忆："我九、十岁的时候，父亲已经知道我学数学的能力很强。到了十一岁入初中的时候，我在这方面的能力更充分显示出来。回想起来，他当时如果教

[①] 杨建邺. 杨振宁传[M]. 增订版. 北京：生活·读书·新知三联书店，2012：17-28.

我解析几何和微积分，我一定学得很快，会使他十分高兴。可是他没有这样做：我初中一年级和二年级之间的暑假，父亲请雷海宗教授介绍一位历史系的学生教我《孟子》。"当杨振宁翻看父亲书架上的外文的数学书籍，由于外文基础不够看不懂细节而去问父亲时，父亲总是说"慢慢来，不要着急"，只偶然给他解释一两个基本概念。杨振宁的父亲并没有催促他去学习数学，让儿子沿着他的路继续走下去，不给儿子施加压力，而是让他好好补习中国古文，接受传统优秀文化的熏陶，获得心理上的健康发展。（边界：对孩子未来发展方向不做过多干涉）

杨武之非常重视让杨振宁学习中国传统文化，他专门在家里挂一块小黑板自己在家担任家庭教师，教几个孩子语文、算数和英语等，讲历史名人故事，承担起对子女的教育责任。他和杨振宁分章分节给其他孩子讲故事。这为杨振宁树立起了好榜样，让幼年时的杨振宁明白了责任，于是后来杨振宁为父母分忧，帮助教育自己的弟弟妹妹们。

可以说在对杨振宁的道德教育上，杨武之是真正的以身作则。杨振宁在《父亲和我》中回忆道："每年旧历新年正厅门口都会换春联，上联'忠厚传家'，下联'诗书继世'，父亲的确贯彻了'忠'和'厚'两个字。我的身体里循环着的是父亲的血液，是中华文化的血液。"杨武之一生清白，为人正直讲信，忠厚无私，为杨振宁树立了一个道德的榜样。杨武之在杨振宁六岁时才留学回国，由于杨振宁的父亲和母亲是自幼定亲的旧式婚姻，杨武之留过学且有博士学位，所以杨振宁的母亲罗孟华甚至做好了独自抚养孩子成人的打算，但杨武之回国后和罗孟华之间一直是相亲相敬的，也深感对自己妻儿的亏欠而更加关爱他们，给幼年杨振宁的心中留下了负责任的榜样形象。（榜样：有责任，道德教育以身作则，为人正直）

五、赵小兰

1. 作者背景

作者晓晓女士与赵锡成一家有着深厚的友谊，她亲身经历并见证了这个传奇家庭许多不为人知的故事，她一边采访一边观察，将所见所闻记录下来，历时数年创作了以赵小兰为主线，同时囊括赵小兰姐妹及其父母、祖辈各自奋斗历程的传记作品。晓晓女士在新书发布会上说："一部饶有趣味的纪实性文学著作是我写作的宗旨，包括历史、文化、教育、商业、人生观、价值观，以及父子情、夫妻情、父女情、姐妹情。愿此书能成为一部色彩斑斓的人生画卷，一部发人深省的人生启示录，一部近代华人移民史的见证。希望赵小兰的成长经历，为我们的年轻读者带来启发和思考，希望这样一部作品能传递更多的正能量。"[1]

赵锡成本人曾这样评价该书："这不是赵小兰人生大事记年表，不是新闻图片的汇编，不是通常的名人访谈录，不是有关公众人物资料的堆砌与猎奇，而是描写一位普通小女孩在各种环境下奋发上进的经历，叙述在悲欢离合的多事之秋，中华儿女三代人挣扎、解困与成长的毫无虚构的真实故事。"[2] 美国前总统乔治·布什，在为本书撰写的序言中说道："赵小兰及其家人如何克服逆境，实现伟大成功的精彩故事，定能鼓励世界各地的读者和他们的家庭。"[2]

2. 人物速写

赵小兰，1953 年生于台北，籍贯上海嘉定，美国第 24 任联邦劳工部长，美国内阁中首位亚裔女性、第一位华裔部长，也是小布什政府唯一"八年任满"内阁部长及共和党人。赵小兰的丈夫是现任美国参议院共和党领袖米奇·麦康奈尔。2017 年 1 月 31 日，赵小兰宣誓就任美国运输部长。不仅如此，赵小兰和她的 5 个妹妹全部毕业于常春藤名校，4 个毕业于哈佛大学，被称为"赵氏六朵金花"。老布什总统当年在白宫接见赵锡成先生一家时，还对太太芭芭拉说，应该向赵小兰的家长学学怎样管孩子。

3. 家庭养育（原文）[3]

从小学到离家读大学，小兰姐妹们每天清晨都要自己定闹钟起

---

[1] 《赵小兰传奇：美国华裔两代人的奋斗历程》新书发布 [EB/OL]. (2018-11-01) [2023-10-01]. https://baijiahao.baidu.com/s?id=16159274242715869l6&wfr=spider&for=pc.

[2] 《赵小兰传奇：美国华裔两代人的奋斗历程》新书发布 [EB/OL]. (2018-11-01) [2023-10-01]. https://baijiahao.baidu.com/s?id=16159274242715869l6&wfr=spider&for=pc.

[3] 晓晓. 赵小兰传奇：美国华裔两代人的奋斗历程 [M]. 北京：作家出版社，2018：71-92.

床，自己料理早餐，赶校车上学，放学回家后由大姐主要带头做功课，妹妹们也都各就各位。晚饭后父母以身作则，或读书或做事，极少看电视。有时全家人聚在客厅，交流畅谈在学校里的趣闻轶事。家中总是弥漫着孜孜不倦的学习气氛，洋溢着浓浓的亲情。（父母的榜样：以身作则，营造良好的学习氛围）

在儿女们长大之后，五十一岁的木兰毅然决定重返校园，她决定攻读亚洲文学和历史硕士学位。两年的学生生涯她风雨无阻，从未迟到缺席。她在一群年轻人中间，全神贯注地听课，跟着教授大声朗读，还经常主动举手回答问题。她回家后同女儿们一起伏案复习，精心准备考试。两年后，她顺利地拿到了硕士学位。（母亲的榜样：主动学习，积极向上）

小兰姐妹六人性格迥异，朝夕相处自然免不了矛盾与摩擦，但父母从不直接干预，不做裁判与法官，而是让她们自行谈判调解。姐妹们各抒己见，充分辩论，直至最后达成共识或各持保留意见，相互尊重谦让，和好如初。事后父母点评是非曲直，孰轻孰重，让孩子们明白事理，辨明是非。

父母引导孩子们从小要学会调整心态，培养感性和理性间的相互协调，不任性娇纵，不患得患失，凡事三思而后行。父母不包办代替，不充分当遮风挡雨的老母鸡，不直接告诉孩子问题的答案，而是采取循循善诱的启发式教育，让孩子们独立做出判断和结论，以便在真正走入社会时，已有了能够飞翔的翅膀。（边界：不干预，让孩子自己解决问题，形成自己的判断力和独立解决问题的能力）赵小兰在自己后来的事业中业务能力突出，思维敏捷，有独到的见解而不断地得到重用和提拔，这与儿时父亲对她们姐妹的不干预是分不开的。

赵家虽然富裕，孩子却多半进公立高中，在外面的花费不论大小都要拿收据回家报账。赵小兰念大学时还向政府贷款，靠暑假打工还钱。但这不表示她的父母小气，而是因为要求子女独立、负责，把钱花在当用的地方。（边界：让孩子经济独立）

周末在父母的带领下，姐妹们齐心协力，满身泥土，干起了筑路工的活计，铺就了一条从车库到院门口的柏油路，其实当时家庭是完全有能力请专业包工队修路的。这一条一百多米长的蜿蜒小路意义非凡，常唤醒姐妹们在一起嬉闹成长的美好记忆。父亲周末喜欢在家里修修补补，家务尽量自己动手，不请帮工，他喜欢让小兰或姐妹们给他打下手。"小学徒"们更是乐得其所，帮着父亲递工具，边帮父亲做家务，边津津有味地听父亲讲他的家乡，他的父母，他童年的故事。父亲用心良苦，把中国传统文化中的美德在不知不觉中传承给孩子。（爱：高质量陪伴，给予孩子锻炼的机会）

高中毕业的那个暑假，尽管经济上没有必要，小兰仍执意去打工，以便积累实践经验，锻炼自立能力。她找到一份曼哈顿图书馆管理员助手的工作。第一天上班，父亲亲自把小兰送到图书馆门口，语重心长地对她说："还是那句重复多次的话，凡事总要尽心尽力做到最好，学得越多，就是你得到的最好回报。"小兰心领神会，在工作中满怀热情，主动认真，一丝不苟。（爱：鼓励与支持）

六、李嘉诚

1. 作者背景

熊玥伽，新锐财经作家，四川大学新闻学硕士，优质内容提供平台"考拉看看"联合创始人；曾为资深财经记者，供职于《成都商报》和《每日经济新闻》。她长期深入了解中国一线企业家，重点研究企业家的命运、行业现状和趋势。她曾对话中国一流经济学家，并多次采访诺贝尔经济学奖得主，密切关注中国和全球经济。该书详细呈现了九位在中国财经界举足轻重的人物的童年生活，包括李嘉诚、柳传志、任正非等，讲述了他们的父母对他们的教育和影响，以及在他们成功的道路上，父母所扮演的重要角色。

2. 人物速写

李嘉诚，1928年出于广东省潮州市潮安区一户贫苦的书香家庭，祖籍福建莆田。1950年，他创办长江塑胶厂（长江实业有限公司前身）。1999年起，他在历年福布斯富豪榜中，多次居于亚洲首富之位。目前统领长江实业、和黄集团、香港电灯、长江基建等集团公司，业务遍及各行各业，包括地产、港口货运、超级市场、基建、电讯、酒店、保险、水泥、电力、网络等，形成一个逾千亿资产的跨国企业帝国。

3. 家庭养育（原文）①

李嘉诚于1928年出生于广东潮州，9岁之前在父亲李云经的教育下读书识字。其实，那个时候李家的生活非常穷困。李云经教书的收入极其微薄，家里经常吃了上顿没下顿。不过李云经觉得，李家是读书世家，不能让读书的传统断在李嘉诚这一代人身上，无论生活多么艰难，经济多么不济，都要让孩子有书读，从而学习做人的道理。（爱：生活再艰难也要让孩子读书）

短短几年时间，李云经把家族崇尚教育的理念注入了李嘉诚心中，并且影响了李嘉诚的一生。2015年，李嘉诚在一封公开信中说："我深信，只有教育才能确保中华民族持续的复兴和觉醒，因为愚昧，是人类最大的敌人。"（榜样：父亲对教育的崇尚让李嘉诚也对教育的力量深信不疑）

后来为了逃离战争，李嘉诚一家迁往香港，投靠舅舅庄静庵。到了香港后，李云经平时虽然忙着找工作，却没有忽略对儿子的教育。他经常把自己的所遇所想告诉李嘉诚，用自己找工作的事情激励李嘉诚学习英语，也常常询问李嘉诚在学校的学习情况。（爱：关心孩子，经常鼓励、交流）李云经不放弃的精神，感染着李嘉诚，他常常暗自想：一定要成为一个顶天立地的男人，长大之后保护家人。（榜样：父亲不放弃精神的感染）

1943年，李云经不幸去世。在他临终之前，心里牵挂的仍然是大儿子李嘉诚。他一字一句地告诉儿子，不管未来日子多么艰苦，一定要自食其力。他留下了六个做人的道理给李嘉诚，"贫穷志不移"，"做人须有骨气"，"求人不如求己"，"吃得苦中苦，方为人上人"，"不义而富且贵，于我如浮云"，"失意不灰心，得意莫忘形"。李云经相信，不论世事如何变迁，良好的品质和传统美德是为人处世的基本。他在贫穷中离世，却不忘给儿子留下了最珍贵的人生财富——如何做人。李嘉诚牢牢记住了父亲的嘱托，并以此自省。后来，在物欲横流的香港，李嘉诚始终保持着谦逊的人格品质坚强勇敢、吃苦耐劳，突破了重重难关。（爱：临终前的记挂；榜样：留给孩子人格品质的榜样）

---

① 熊玥伽. 大父母：卓越企业家的父母[M]. 武汉：华中科技大学出版社，2016：20-34.

父亲去世之后，15岁不到的李嘉诚，正式步入了社会。一开始，母亲庄碧琴请求弟弟庄静庵在钟表厂为李嘉诚安排一份工作，以免李嘉诚在外面太受苦。（爱：担心孩子受苦）庄静庵也答应了姐姐的请求，但李嘉诚却非常倔强地拒绝了舅舅的好意。

在和舅舅的接触中，李嘉诚感觉舅舅并不是特别欢迎他去钟表厂。心气高的他也不愿过寄人篱下的日子。这时候，他记起父亲的遗言，立志要做一个有骨气、独立自主的人。于是，他在一个茶馆找了一份泡茶扫地的工作。在茶馆，李嘉诚起早贪黑，学泡茶、学跑龙堂。他在那里学会了察言观色，见机行事。庄碧琴虽然心疼儿子受苦，但也很支持李嘉诚的决定。（边界：虽然心疼但仍尊重孩子的决定，不胁迫）

后来李嘉诚创办了塑胶厂，创业前期的准备工作进行得还算顺利，不过也是由于资金有限，长江塑胶厂无法购置先进的生产机器，所以后来他们遭遇了"质量门"事件。出事之后，李嘉诚一直没有回家。他不知道该如何对家人说自己的问题，他怕看到母亲就会委屈得哭出来。见儿子没有回家，庄碧琴也隐约感觉到工厂遇上事儿了。

终于有一天，李嘉诚拖着疲惫的身子回到家里，母亲见他满脸憔悴，瘦得像变了一个人似的，心疼不已。庄碧琴打起精神，把李嘉诚叫到面前说："儿啊，给妈妈泡道功夫茶。"李嘉诚用地道的潮州凤凰茶给母亲泡上一道功夫茶。庄碧琴吩咐李嘉诚坐下来，品了几口茶后，问："你认识老家开元寺法号叫元寂的那个住持么？"未等李嘉诚回答，庄碧琴继续说道："元寂年事已高，希望找个合适的接班人。候选人是他的两个徒弟，一个法号一寂，另一个法号二寂。"李嘉诚有些提不起精神，但他还是给母亲满上了一杯功夫茶，坐在一旁静静地听着母亲说，并不插话。庄碧琴呷了一口茶，接着说："元寂把这两个徒弟都叫到跟前，说：'我现在给你俩每人一袋稻谷，明年秋天以谷为答卷，谁收获的谷子多，谁就是我的接班人。'第二年秋天转眼就到了，一寂挑来满满的一担谷子，二寂则两手空空。元寂却当众宣布二寂担当接班人。"听到这里，李嘉诚打断母亲的话："不是说好谁收获的谷子多，就选谁当接班人么？"庄碧琴笑了笑，说："是的。一寂听了，不服气地说：'分明我收获了一担谷子，二寂颗粒无收，怎么能够让他担任住持啊？'""元寂微微一笑，对众人解释：'我给一寂和二寂的谷子，都是用滚水煮熟的，根本长不出谷子。显然，二寂是诚实的，理应由他来当住持。'于是，众人诚服。"故事讲到这里就结束了，庄碧琴却把话锋一转，说："经商如同做人，诚信当头，则无危而不克了。"李嘉诚听罢母亲的话，点了点头，沉思了许久。那天晚上，李嘉诚想明白了很多事情，在家里睡了几个月来第一个好觉。（爱：关心儿子，不说教而是巧妙地借故事鼓励儿子振作、诚信经营）

第二天回到厂里，李嘉诚精神振奋了许多。他第一时间召集员工开会，承认自己的经营错误，对员工表示歉意，并且为自己心情不好责骂员工的问题向大家赔礼道歉。安定了员工的情绪之后，李嘉诚马不停蹄拜访客户、原料商、银行，再次向他们真诚道歉，请求原谅，并保证在一定时间内做出实质性改变。不仅如此，李嘉诚对外丝毫不掩饰工厂犯下的错误，并向专业人士寻求解除危机的对策。就这样，带着一颗赤诚之心，李嘉诚赢得了各方的谅解，好多商家、合作伙伴都做出了让步。有几个之前对李嘉诚恶语相向的人，被他的诚意感动，不再嘲讽李嘉诚，转而真心为他出谋划策。

从此以后，李嘉诚经商始终秉持母亲教导的诚信原则，一步一个脚印地把长江厂打造成了长和系，涉足房地产、铁路、移动运营、煤气等产业，也由此成了亚洲首富。

第二节 西方家庭养育案例的验证

谦逊是中华民族的传统美德，但它在一定程度上抑制了我国自传体文学的发展。而西方社会所倡导的自由思想让人们（尤其是贵族阶层）将自传视为彰显自由个性的一种表达方式，故而，西方自传传统的历史悠久，这也让我们对于本节案例素材的选取轻松了许多。

我们一共选取了 5 位国外历史名家的家庭养育案例，他们的成就各有千秋，分布在历史、文学、教育、商业、演讲等领域；这些案例的选取以其书写的自传或者回忆录为主，以最大限度地还原或保留这些名人名家真实的家庭养育过程。这部分的介绍分为"人物速写"和"家庭养育自述"两部分，其中，"人物速写"可以帮助读者快速地获得对该人物的生平事迹和主要成就等基本信息的了解；"家庭养育自述"是对养育自述原文的还原；除此之外，笔者以括注形式，对"铁三角"理论模型验证要点进行了阐释。

一、吉本

1. 人物速写

爱德华·吉本（Edward Gibbon，1737—1794 年），英国近代杰出的历史学家，影响深远的史学名著《罗马帝国衰亡史》一书的作者，18 世纪欧洲启蒙时代史学的卓越代表，有"英国启蒙时代文史学之父"之称。作为启蒙时代欧洲最伟大的历史学家，他不仅凭借历史巨著《罗马帝国衰亡史》为人类史学宝库增添了一笔宝贵的财富，在史学思想上也独具睿智，显示了西方史学在 18 世纪的巨大进步。

2. 家庭养育自述[①]

我母亲对我，多少因为她不断怀孕，因为她专心致志地用情于丈夫，还因为我父亲按照他的兴趣用权威逼迫她参与世事，所以不免有些分散了她的关心。不过我的姨妈凯瑟琳·波汀夫人填补了这个为母的职责。提到这位姨妈的名字，我就觉得有一滴感激之泪流下我的面颊。独身生活使姨妈将未被占用的爱情转用于她妹妹的第一个孩子：我的柔弱激发了她的怜悯之心；辛勤照料和照料成功增强了她的顾惜之情。倘使有什么人对我能生存下来感到高兴，他一定要感激这位性情可爱、行为出色的女人，而我深信必定有那么几个人是感到高兴的。姨妈花去了许多忧虑和孤寂的时日，耐心地试用每一种使我得到宽解和悦乐的方法。又有许多夜晚，她通宵不眠，坐在我床边，胆战心惊地以为每个小时都可能是我的最后时刻。（爱：姨妈对孩子无微不至的照料）

在我九岁那一年（一七四六年一月），我的身体比较说来有一段稳定的时间，我父亲采取了英国教育上那种方便而又习惯的办法，将我送往泰晤士河上的金斯顿镇，进入一所由伍特逊博士和他的几位助手办理的、大约有七十名学童的学校。从此以后，每当我途经普特尼荒地，我总是注意那地方，因为有一次我们坐马车经过那地方时，我

[①] [英] 爱德华·吉本. 吉本自传 [M]. 戴子钦，译. 上海：上海译文出版社，2013.

母亲谆谆叮嘱说，此后我是走上世界去了，我必须学会为自己思考和行动的能力了。（边界：母亲教导孩子独自面对自己的世界）

我的上学时时因为生病而中断；在金斯顿学校里时断时续呆了将近两年之后，终于因为我母亲去世而被召回家了（一七四七年十二月）。我母亲当时三十八岁，是由于最后一次分娩难产而死的。我还太幼小，不知道我的损失如何重大；我母亲的形象和言语，留下在我记忆里的是淡淡的印象。凯瑟琳·波汀姨妈以挚爱之心痛悼妹妹和朋友；而我那可怜的父亲更是无法可以慰藉的，满腔悲痛似乎威胁到他的生命或他的理智了。我永远忘不了丧事以后几个星期我们第一次碰面时的景象：骇人的静默，室内悬着黑布，中午点着小蜡烛，他的一阵阵叹气和流泪；他对我母亲的赞扬，说她是天堂里的圣者；他的庄严嘱咐，要求我牢记母亲并且仿行她的贤德；还有他的狂热地吻我并且为我祝福，仿佛这是唯一留存的表示他们爱我的证明了。（榜样：母亲的贤德；爱：为孩子祝福）

二、卡尔·威特

1. 人物速写

卡尔·威特（Karl Witte，1800—1883年）出生于德国一个名为哈勒洛赫的小村庄，他出生时被认为有些痴呆，但是在父亲老卡尔·威特的悉心教育下，他成为19世纪德国的一个天才人物。卡尔·威特八九岁时就掌握了六国语言，并且掌握了动物学、植物学、物理学、化学等学科知识。他9岁便考入莱比锡大学；10岁进入哥廷根大学；13岁出版了《三角术》一书；14岁时就被授予哲学博士学位；16岁获得法学博士学位，并被任命为柏林大学的法学教授。他还具有很高的文学修养，23岁时出版《但丁的误解》一书，轰动了但丁研究学界，成为该领域的权威专家。此后他一直在德国著名大学教书，直到去世。

2. 家庭养育自述[①]

小卡尔第一次表现出想学写字的欲望是3岁多的时候。有一天，

---

① ［德］老卡尔·威特，小卡尔·威特. 卡尔·威特教育经典［M］. 李万祥，编译. 北京：当代世界出版社，2017.

我正在书房里写一份关于教区工作的报告，小卡尔也来到了书房里。他安静地背对着我，趴在一张小凳子上专心地摆弄着什么。原来，他手里拿着一根小木棍在一张废纸上"写字"！我问他："宝贝，你想学写字吗？"（榜样：父亲认真地书写影响孩子对写字的兴趣）

"当然想啦！"小卡尔兴奋地回答道。

"来，爸爸教你写字。"我说道。

说着，我便给了小卡尔一支木炭笔，并教他写自己的名字。开始时，小卡尔显得笨手笨脚的，根本无法正确握笔，也不能写好笔画。在我的耐心讲解和鼓励下，他终于能够歪歪斜斜地写出自己的名字了。后来自己觉得写得不错了，他就拿给他的母亲看。虽然不太好，母亲还是大大地赞扬了他一番。母亲的赞扬坚定了他练习写字的决心。（爱：父母的耐心、鼓励和赞扬）

那几天，小卡尔学习写字的情绪很高，闹着要我教他更多的字，并要求我给他钢笔，因为我用的是钢笔。（榜样：父亲用钢笔写字，孩子也要模仿）为了使他保持学习的热情，我满足了他的要求，给了他一支钢笔。钢笔比铅笔用起来麻烦多了。小卡尔时常将墨水弄得满手、满脸都是，有时甚至还会打翻墨水瓶。但我不在乎，继续耐心地教他写字。（爱：耐心引导、容忍犯错）经过一段时间的努力，他终于能够灵活使用钢笔了，而且他的字迹也很清晰流畅。

有次带他外出写生，他画他喜爱的那座小石桥，我坐在树下看书，一切都是那么宁静美好。不一会儿，他就拿着画板过来让我看他的杰作。我觉得他画得很好，画面布局和色彩处理都很不错。但我还是发现了一些瑕疵，如果换成别的父母可能就敷衍过去了，但是我不会放过任何教导孩子的机会，一发现缺点，就立即指出来。我说："我并没有看到你曾经跟我说过的那种蓝宝石色的水影，一点也没有什么神秘感啊。"于是，小卡尔又坐到河边的石头上，继续修改。过了一会儿，他又拿来让我看。我说："嗯，这下好多了。不过虽然你画出了水影的蓝宝石色，但是还不够透亮，哪里来的神秘感呢？"我知道这样的要求对一个成年人来说都是很难做到的，但是小卡尔并没有放弃，自己一个人又坐下来开始思索。

等了好久，看他还在那里不动，我催促道："好了，卡尔，要回家了。以后再想吧。"他央求我再等等。最后，当他把第三幅画拿给我看的时候，我震惊了。那幅画真是太完美了，桥下的水真如蓝宝石一般,变化莫测,美丽至极。我夸奖他:"儿子,你真棒!你怎么做到的?"他告诉我他所发现的阴影的秘密:它不是深蓝一块的,而是由不同的蓝色组成,深蓝、普鲁士蓝、钻石盐,还有一点红色在里面,那是岸上花在水里的倒影。我很佩服儿子的观察力,这么专业的分析,没人教他,他自己领悟到了,真了不起。我深情地拉着儿子的手,迎着夕阳,走向回家的路。(爱:对孩子日常行为的细心观察、高质量的陪伴与回应、真诚的欣赏与表扬)

在回家的路上,我问他为什么还要画第三次,其实第二次已经画得很不错了。他告诉我:"您不是经常说,做事情要精益求精吗?"看着儿子如此天真又快乐,真不知道如何表达我对他的爱,只好握紧他的小手。(榜样:父亲日常的言传身教)

妻子在培养儿子自己的事自己做上表现得很好。当小卡尔到了要学会自己穿衣服的年龄,她就开始让他自己尝试。她在旁边指导示范,但并不催促他快点,而是鼓励他:"慢慢来,你可以的,你已经是个大孩子了。"如果儿子还坚持他自己穿不上衣服,妻子并不理会,而是继续鼓励他:"你一定可以的。妈妈不看着你穿了,我闭上眼睛数十下,在我睁开眼时看你能不能穿上。"这个时候,小卡尔有时会继续穿,有时也会哭闹起来,不愿再努力。妻子并不理会他。当小卡尔发现自己的哭闹并不能引起母亲的同情,来让母亲帮他穿衣时,他也就只能自己解决自己的问题了。后来,小卡尔很快就学会了自己穿衣服。(边界、爱:母亲坚持让卡尔学会自己的事情自己做,并给予耐心的鼓励)

我的儿子已经2岁了。今天我和他妈妈,还有女佣柯迪一起召开了一次家庭会议。我告诉他们,现在凡是小卡尔自己能做的事情都不要轻易去帮他,让他自己做。柯迪不理解,她大声地说:"那么小的孩子,如果受伤了怎么办?"我只能再三解释说,如果什么事情都帮卡尔做的话,就相当于剥夺了他自力更生的能力,而且这样还容易让他形成不负责任的态度,做事习惯依赖别人。不过,今天小卡尔的表现却有力地说服了妻子和女佣。小卡尔那会儿在客厅里随便走动,当他手里的点心掉在地上的时候,他并没有理会就走了。我看准这个教育他的好机会,就用手指了指地上的点心,意思是让他捡起来扔到垃圾桶里。小卡尔看着我,并不明白我要干什么。我就对他说:"卡尔,你要把你掉地上的点心捡起来,然后放到垃圾桶里去。"小卡尔还是没有动作，妻子说："小孩子哪里懂得这些，为什么非要让他去做呢？"这时，柯迪要过去帮他捡，我拦住她说："让他自己来。"小卡尔挪了挪脚步，不知道该怎么办。我走过去蹲在他面前，对他说："儿子，这是你掉在地上的东西，你应该自己捡起来，知道吗？卡尔是个好孩子，自己的事情应该由自己来做的。"卡尔终于好像听明白了我的话，捡起那块点心，走到垃圾桶旁边，扔到里面去了。（边界：父亲坚持让孩子自力更生）

三、斯宾塞

1. 人物速写

赫伯特·斯宾塞（Herbert Spencer，1820—1903 年），英国著名哲学家、社会学家和教育学家。斯宾塞的一生荣誉显赫，先后获得了英、法、美等 11 个国家的 32 个学术团体和著名大学的院士、博士荣誉称号，还被提名为诺贝尔文学奖候选人，被科学界和教育界誉为"人类历史上的第二个牛顿"。斯宾塞在 14 岁时就以优异的成绩被剑桥大学破格录取，他在许多领域取得了卓越的成就。

2. 家庭养育自述[①]

我有一个习惯，在教小斯宾塞一些知识后（准确地说，是我们共同发现一些知识），就带着小斯宾塞跑到德文特河边，在那里大喊大叫尽情地疯跑。每当这个时候，人们总对我指指点点："看呀，天才教育家又在训练他的小动物了。"

的确，我和小斯宾塞成了别人的谈资，但这丝毫不影响我们享受运动的快乐。德文特河提供给我们的乐趣有很多：有时我们用石块在河中打水漂，看谁打得多，或用泥沙堆城堡，比谁堆得快（爱：父亲高质量的陪伴玩耍）；有时则干脆什么都不做，尽情地呼吸夹杂着苜蓿气息和水蒸气的空气，直到远处夕阳缓缓落下，把余晖洒在丛林和教堂的尖顶上为止。再没有比这更惬意的事了，尽管在这一

---

① ［英］赫伯特·斯宾塞. 斯宾塞的快乐教育［M］. 吕可丁，编译. 北京：北京联合出版公司，2013：24-25.

时刻我没有传授知识，但这实实在在也是快乐教育的一部分。我常常想，为什么镇上的其他父母不带孩子到河岸边走走，要知道，快乐运动对孩子和父母都是有益的啊！因此，我把和小斯宾塞带到河边的运动，看作快乐教育的部分。这项与知识传授完全无关而与身体和情绪直接有关的活动，其效果是神奇的。有时我因工作缠身不能和孩子一起跑步，他在学习一段时间感到疲劳后便会自觉地跑到河边运动。小斯宾塞后来在一篇文章中回忆道："能在河边运动是我热爱生活，热爱德文特河，热爱家乡的主要原因之一。"（榜样：父亲对生活、运动的热爱影响着孩子的生活习惯及情操）

我和小斯宾塞在一个暴风雨之夜的经历，至今仍深刻在我的记忆中。那是一个夏天的夜晚，整整一天的炎炎赤日使空气闷热难耐，晚上，突然一道闪电划破夜空，雷声从遥远的天边隆隆而来，门窗咔咔作响，狂风夹杂着雨点呼啸着从窗户缝钻进，声音如鬼哭狼嚎。就在一道闪电把房间照得如同白昼时，我听到小斯宾塞房间传来惊呼声。我赶紧跑了过去，看见小斯宾塞用被子裹着脑袋，被雷电吓得浑身发抖。我坐下来，用手轻轻拍着他，直到他慢慢安静下来，然后对他说："这是暴风雨在唱歌呢，你听到了吗？多么雄壮。"小斯宾塞凝神听起来。一声炸雷响起，紧接着又是一道闪电，我接着说："听，还有鼓声。""好像还有很多把大提琴。"小斯宾塞兴奋地说，那是屋外的狂风在呜呜作响。我轻轻地抚摸着孩子的脸，心里由衷地为他高兴。就这样，尽管那夜暴风雨一直持续着，小斯宾塞却再没有害怕，反倒是一直在聆听，直到风停雨住。第二天早晨，小斯宾塞起来后告诉我："多么雄壮的音乐，我真想再听一次！"（爱：陪伴孩子战胜对暴风雨的恐惧）

尽管我和许多父母一样，会处心积虑地想给他很多帮助，但我仍然告诉自己，生活是孩子自己的事，必须让他自己去面对。小孩子跌倒是常见的事，许多父母会把他们扶起来。但对小斯宾塞我从来不这样做，我只是鼓励地看着他说："地上的石头想看你能否自己爬起来呢。"在学习上，每当遇到困难的题目时，孩子总希望父母能帮他，小斯宾塞也是如此。但一般情况下，我只告诉他通过哪些途径可以解决，譬如查字典，找资料，如果他还是要求帮助，我就会说："这是你自己的事，我相信你能解决。"有时充满感情的语言比简单的告知会更有效。与其对孩子说"自己的事自己做，我才不管你呢",还不如鼓励他"孩子,这是你自己的事,只有学会了自己去解决问题,你才能得到成长的快乐",这两句话说的是一个意思,但效果肯定不一样。(边界:父亲让孩子自己去解决问题;爱:虽然两句话同一个意思,但表达方式不同,导致听起来一个是冷酷无情,另一个则有鼓励和关爱)

小斯宾塞上小学的时候,有一次我带他去攀登德文特河上游的一座名叫"阿喀斯"的小山。那天正值中午,烈日炎炎,我们带足了水和食物开始上路。路上,两岸大片的麦田已经成熟,静静地站在阳光下等待农夫们收割。偶尔,一只鸟从头顶飞过,发出叽叽喳喳的叫声。走了一阵,我们都感觉酷热难耐,我说,能不能想个办法,遮一下太阳。小斯宾塞想了想说,我们可以用树枝来做帽子,这样又凉快又好玩。于是,我们摘了一些带叶子的桉树枝,把它们编织成了帽子戴在头上,感觉一下子凉快了许多,走起路来也轻快了。下午的时候,我们来到了阿喀斯山,我和小斯宾塞一起往上爬。离山顶还有一段距离时,小斯宾塞实在走不动了,他可怜巴巴地看着我,希望我能帮他一下。我没有伸出手去,而是鼓励他说:"只有你自己爬上去,才会体会到真正的快乐,再加把劲!"我们终于登上了山顶,这时阵阵凉风吹来,从山上眺望远处,德比城被丝带一样的德文特河环绕其中,风景如画,美不胜收。小斯宾塞情不自禁地欢呼了起来。我们在一棵大树下坐下来,一边吹着凉风,一边惬意地喝着水。我告诉小斯宾塞,其实生活中有许多事是可以自己做的,只是由于身边有可以依赖的人,他们就不做了。放弃了可以自己做的事,也就永远得不到通过自己努力带来的快乐。(边界、爱:父亲始终没有给予孩子直接的帮助,却充满了爱的鼓励)

在小斯宾塞13岁的时候,我给他写了这样一封信。

亲爱的小斯宾塞:

这一天终于来了,不管你是否做好了充分的准备,从此,你都将踏入一个新的世界,开始新的生活了。这条路你必须自己走,我无法再像以前一样牵着你的手把你安全地从这里带到那里。我能够给你的,只有对你坚定不移的支持,即使在你希望我走开的时候,我还会给你一些指引,把我的经验告诉你。但这代替不了一切,生活还是得由你自己决定,做出选择,并承担责任。让我欣慰的是,你已经具备了起码的科学精神和独立思考的能力,我希望你能好好

运用它。(爱、边界:父亲让孩子自己决定自己的生活和道路,同时也承诺会给予永远的支持和指引)

你的赫伯特·斯宾塞

四、安德鲁·卡内基

1. 人物速写

安德鲁·卡内基(Andrew Carnegie,1835—1919年),出生于苏格兰,苏格兰裔美国实业家、慈善家,卡内基钢铁公司的创始人,被世人誉为"钢铁大王""美国慈善事业之父"。安德鲁·卡内基13岁开始打工,进过棉纺厂,当过邮电员,受教育不多,自学成才,并靠个人奋斗兴办铁路,开采石油,建造钢铁厂,终于成为亿万富翁。晚年他热心于慈善事业,著有《财富的福音》等书。1911年,卡内基夫妇决定以仅余的1.5亿美元设立"卡内基公司",由公司人员代理他们的捐献工作。去世前,卡内基的捐献总额已高达3.3亿美元。在他去世后,"卡内基公司"及各项卡内基基金仍在实施其捐献计划。

2. 家庭养育自述[①]

童年时形成的观念对人的影响是非常大的,所以在很早的时候,谈论起某些并非凭着门第的捷径而功成名就的特权阶级或个人,我就能满怀自信而又充满敬意。他们也因此而赢得了大众的尊敬。仅仅依靠门第和出身,免不了会遭到讥讽——"他什么也不是,什么也没干,不过是碰巧而已。他是个趾高气扬、徒有虚名的骗子。他所拥有的一切不过是因为他投了个好胎,他家最有出息的人就像土豆一样,在地下躺着呢。"这是个有着强烈政治激情的时代。人们经常可以看到,午饭后不久,在小城的各个角落,围着围裙的男人们三五成群地聚集在一起,讨论着国家大事。休姆、科布登、布莱特等人的名字被每个人挂在嘴边。那时的我虽年幼,但也经常被吸引到这些圈子里,是一个认真的听众,所有的言论倾向都是一致的,最为人广为接受的结论就是必须得有所变化。这样的政治性集会频繁举行。不言而喻,

---

① [美]安德鲁·卡内基. 钢铁大王卡内基自传[M]. 喻璐,魏春泉,译. 北京:中国法制出版社,2016:9-10.

我也像家里所有人一样对此深感兴趣，老是去凑热闹。我的一个叔叔和我父亲常常发言。记得一天晚上，父亲在一个大型的露天集会上演说，我从听众们的腿间往人群里挤，挤到一个喝彩声最响亮的人那儿，躲在他的腿间，我觉得很安全。后来，我再也抑制不住自己的热情，就抬头看这个人，告诉他，演讲人就是我的父亲，他把我举了起来，一直让我骑在他肩上。在这样的环境中长大，我渐渐成了一个坚定的小共和主义者，这是不足为奇的。我的座右铭是："向特权抗争到底。"在那个时候我不知道特权意味着什么，但我父亲知道。（榜样：父亲在众人前的演说和号召力影响着孩子）

父母曾轻率地决定不主动送我去上学，除非我自己要求去。事后我才知道这个决定给他们带来了极大的忧虑，因为我渐渐长大了，却没有要去上学的意思。于是他们请求校长罗伯特·马丁先生能多关照我一点。一天，他带我和几个已经上了学的玩伴一起去远足。不久后，我向父母提出要去马丁先生的学校去上学，这让他们着实松了一口气，我从8岁开始上学。（边界：坚持不主动送孩子上学，让孩子明确上学是自己的事）

我童年时最大的娱乐之一就是养鸽子和兔子。每当我想起父亲不辞辛苦地为这些宠物筑窝，我都会感激不已。我家成了小伙伴们的大本营。母亲一直认为家庭影响是让孩子走正路的最好手段。她曾说，第一步就是要让家充满欢笑，只要能让我们和在我家玩的邻居孩子们高兴，没有什么是她和父亲不能做的。（爱：父母对孩子快乐的重视与支持）

母亲、护士、厨子、老师、圣徒，她集于一身。而父亲是榜样、向导、顾问、朋友。我和弟弟就是这样成长起来的。与这种遗产相比，那些百万富翁或是贵族阶级的子弟所继承的东西又何足道哉呢？（榜样、爱：父母身体力行、对孩子生活的照料以及人生的引导）

五、斯托夫人

1. 人物速写

斯托夫人（Stowe M. S.，1881—1952年），美国著名教育家、演讲家，出生于美国宾夕法尼亚州，毕业于拉德克利夫女子大学，后担任匹兹堡大学语言学教授。斯托夫人的女儿维尼夫雷特从3岁起就会写诗歌和散文；4岁时就能用世界语写剧本；5岁时就能熟练地运用8种语言，还能将这些语言翻译成世界语；从5岁起，她的诗歌和散文就被刊载在各种报刊上，并汇集成书，收获了读者的广泛好评。另外，让人惊叹不已的是，维尼夫雷特在数学、物理、体育、品德等方面，也都大大超过了其他同龄孩子。正是从这个层面来说，斯托夫人的教育取得了极大的成功。

2. 家庭养育自述[①]

在教育女儿维尼夫雷特的过程中，我从来不以权威的姿态要求她这样做或者那样做，也从来不以高高在上的态度命令她该做什么不做什么。我相信，只要我时刻严格要求自己，她一定会跟着我学。这种身教的力量要远远比言教更有说服力。（榜样：身教胜于言传）

有一次，我们和一些朋友一起去进行一个为期两天的野外旅游活动。临走前，我告诉维尼夫雷特应该带什么东西，最后我让她自己收拾行李，这也是为了培养她照顾自己的能力。（边界：让女儿自行收拾自己的东西，不代劳）

我和丈夫对维尼夫雷特童年时期的内心感受就非常重视。尽管当时我们都有各自的工作要做，但是我们却从来都没有放松对她的关心与照顾。不单在生活上我们非常注意，我们也尽可能地多走进她的内心世界，与她共度所有的美好时光。（爱：关心孩子的内心感受）

有一天，维尼夫雷特从外面回到家就对我说："妈妈，卡特的妈妈今天打了他一顿。"

"哦？"我好奇地问她。"为什么呢？卡特平时是个挺不错的孩子啊！"她看着我说："我觉得也是，但他今天却把他妈妈气坏了。"

"为什么？究竟发生了什么事？"

"今天卡特的妈妈问他，长大后他要做什么。卡特说，他想成为一名海军，要去很远的群岛打仗。他妈妈立刻就说：'这么说你长大后就不管我了吗？'卡特说：'我要去打敌人的，让妹妹照顾你好了。'这时候，卡特的妈妈就生气了，她说她简直是白养了他。后来，他们就吵了起来……"

[①] [美]斯托夫人.斯托夫人的自然教育全书[M].周舒予,译.北京：理工大学出版社，2015：16，197，206.

讲完了卡特的事情,她紧接着问我:"妈妈,我问您,您是不是和卡特的妈妈一样,我长大后也不愿意我离开您呢?"

我摸着她的头说:"当然,当妈妈的都是不希望孩子离开自己的。可是,只要你愿意,只要你认为要做的事是有意义的,使得你不得不离开我,我就一定会支持你。我最希望的,就是你能够幸福。只要你感到幸福,我会为你高兴的。而且,不管你将来走到哪里,走多远,我也依然会为你祝福。"(边界、爱:在爱的基础上尊重孩子对于自己人生的选择)

听了我的话,维尼夫雷特露出了快乐幸福的笑容,她一下子就扑进了我的怀里,说道:"您真是个好妈妈,我想我永远都不会离开您的。"

一些父母见到维尼夫雷特惊人的学习能力和良好的生活习惯后,都很吃惊,他们经常问我:"你女儿这么小的年龄怎么能那么懂事?还会主动干一些事情,是不是天生的?""你有什么教育秘诀吗?她一定接受了什么特殊的训练吧?"面对这些问题,我通常不知道如何回答。但有一点我很肯定,那就是我经常鼓励女儿自己的事情自己做。一般情况下,只要女儿有能力独立完成的事情,我都不会插手。如果什么事情都帮她做,无疑剥夺了她独立动手的机会,还会助长她的懒惰以及凡事都依赖别人的坏习惯。我经常对她说,能够摆脱对别人的依赖的人,才能有信心独当一面,成为一个强者。(边界:绝不插手孩子有能力独立完成的事情)

而且我还有意识地培养她勤劳的好品质。在维尼夫雷特2岁的时候,一天,她在客厅里玩耍,一会儿摸摸鱼缸,一会儿又翻翻抽屉,仿佛一切在她看来都充满了新鲜感。这时,她手里的蛋糕不知怎么地掉在了地上。她仿佛什么都没发生一样,还是自顾自地玩。这时,我叫了维尼夫雷特一声然后指了指地上的蛋糕。可是她仿佛没听懂,一副惊诧的表情看着我,一动不动地站在原地。我又解释了一遍,说:"把地上的蛋糕捡起来,听懂妈妈的话了吗?"

这时,坐在沙发上看报纸的丈夫插话了:"她还那么小,什么都不懂,干嘛非要让她做呢?"家里的女佣也忙不迭地跑过来,说:"我来捡吧。"我伸出手臂拦住了她,说:"安娜,不用你帮忙,让她自己捡。"说着,我把目光投向了维尼夫雷特。可是维尼夫雷特完全不理会我的话,她向前迈了一小步,好像在试探我会有什么样的反应,然后赶快跑开了。"维尼夫雷特,"我一下叫住了她,然后走了过去,蹲在了她身边,说:"这是你掉的蛋糕,应该自己捡起来,对吗?好孩子应该对自己的行为负责任。"望着我温和而坚定的眼神,她终于屈服了,把蛋糕捡了起来。(边界:坚持要求孩子对自己的行为负责)

在我的观念中,一直认为教育孩子就应该从小培养他的独立生活能力,而且在维尼夫雷特很小的时候我就教她学会照顾自己。例如,让她自己吃饭、穿衣洗脸、上卫生间等,事实上女儿不但能够将这些事情做得很好,并且还会因此而感到自豪。在不断学做事的过程中,她认为自己完全可以照顾好自己,而且她还不断学习新的生活技能。(边界:坚持培养孩子独立生活的能力)

在维尼夫雷特小的时候,她有很强烈的表达欲望,她很愿意向我和丈夫讲述自己的故事。她经常和我们说她一天学到了什么,发现了什么,有什么样的感受……一般来说,我们都很有耐心,不管谈论的是学习上的事情,还是和朋友们做游戏的事,只要她愿意表达,我们从来不敷衍了事,而是鼓励她说出来,就像和一个成人交谈那样,做出一副认真倾听的态度。因此,女儿的表达能力提高得很快,其表达能力也比同龄的孩子更强。对于我和丈夫来说,由于我们能和女儿"心心相印",所以家庭中也总是充满着温情和乐趣。(爱:父母愿意倾听孩子的感受,并鼓励孩子进行情感表达)

第三节 风靡市场的亲子沟通实训案例的验证

这一节的案例主要来源于这些年风靡中国市场的《正面管教》以及中国本土的犯罪心理学研究专家、中国人民公安大学教授、中国预防青少年犯罪研究会副会长李玫瑾的个人讲座等。李玫瑾经常做客于央视《今日说法》等媒体,解析犯罪心理问题,她提出了"心理抚养"的概念,认为心理抚养比物质抚养更加重要,心理抚养主要包括情感、性格、观念、能力四个方面,要求父母参与心理抚养的全过程,通过陪伴和关爱获得孩子的依恋感,进而获得管教孩子、"立规矩"的资本。

选择这两个作为主要来源,一方面是考虑到它们在中国本土家庭教育市场的影响力,另一方面则在于它们给出的冲突场景都是极具具象化和代表性的,可以让读者有很强的情境代入感,产生共鸣;除此之外,它们还提供了蕴含深刻家庭教育思想的具体工具步骤，这就让我们对"铁三角"理论模型的检验有了更为直观和可操作的渠道。

为此，本节在编写体例上也稍做调整，首先，展示多种冲突场景中这些风靡市场的亲子沟通实训工具所采纳的原则和具体的步骤方法等。在这个过程中，我们对工具中原本一贯相连的平铺直叙做了微调，以方便读者分辨哪些是其工具方法中"形而上"的理论层面的"道"，哪些是"形而下"的操作层面的"术"。这种调整只涉及结构，所以它最大限度地保留了原版内容的精华，我们的调整只是使要点更加突出，逻辑线索更加清晰，以方便读者在阅读中理解。其次，接入"'铁三角'理论模型重构反思时间"，即用"铁三角"理论模型解读这些工具方法的内核，看看它们在本质上分别对应了"铁三角"理论模型哪条边的解释路径，以此再次验证该模型的合理性及普适性。

一、孩子（当街）撒泼打滚，家长如何管孩子？

1. 案例呈现[①]

（1）原则。

李玫瑾提出，家长在处理孩子（当街）撒泼打滚这种情况时，首先要把握三个原则。

原则一：不要在公开场合责罚孩子。

原则二：跟谁闹谁来管，一对一。

原则三：不要打，不要骂。

（2）步骤。

具体讲座中她提到的步骤如下。

步骤一：把孩子带进卧室，关上门。

步骤二：不要讲道理，不走开，告诉他这样做是不对的，你要闹就闹吧！

步骤三：笑眯眯（最好坐在他对面）欣赏他的哭闹，目的是让他看到你的表情。

步骤四：孩子哭声变小后，站起来出去，拿块热毛巾给他擦把脸。

步骤五：问问孩子还要哭吗，告诉他要哭接着哭，我还等着你。

---

① 李玫瑾教授：青少年常见心理问题与对策讲座视频[EB/OL].[2023-07-01]. https://haokan.baidu.com/v?pd=wisenatural&vid=17391644416542536660.

（3）其他可能突发状况的应对。

如果孩子在此期间以撞墙威胁，家长不能有任何动静，但如果他先出声，家长可以用语言应对："撞这么响，痛吗？我告诉你，这事你自己决定，你要不疼，你继续。"

▫ 2. "铁三角"理论模型重构反思时间

家长在处理亲子冲突问题时所遵循的"不要在公开场合责罚孩子"的原则，体现出对孩子自尊心的保护，也就是给孩子留面子；而这种维护的背后正是对孩子深沉的爱。"跟谁闹谁来管"的原则则体现了不去转嫁责任、不逃避不回避问题的边界意识；"不要打，不要骂"的原则是家长对孩子爱的表现，但更为重要的是榜样示范的作用，因为家长常采取的打骂方式与孩子的（当街）撒泼打滚实际上是同质的，所以家长要注意自己日常的行为举止。

而在具体的实操步骤中，家长第一步做的是把孩子带进卧室、关上门，这也是对孩子尊重保护的爱的体现；同时"不要讲道理，不走开"，这背后也主要是"爱"中对彼此平等权利的尊重。因为在孩子哭闹、情绪失控时，家长如果想要立即关闭他的"情绪脑"而开启其"理智脑"，是对他情绪状态的无视，很难产生效果；同时也不要走开，因为这时的走开等同于关孩子"禁闭"，"关禁闭"等同于惩罚孩子，而惩罚孩子本身是没有任何教育意义的。家长笑眯眯地坐在他对面，欣赏他的哭闹，目的是让他看到你的表情。这背后体现的是边界意识，因为家长不能要求孩子停止他的行为——哭，家长唯一能做的是改变自己的行为——笑眯眯，并且让孩子看到——坐到他对面——这样才可能改变他的行为，因为他看到了家长对这事的反应，而一旦他看到家长表情就知道哭闹"威胁"不了家长。孩子哭声变小后，就去拿热毛巾给他擦把脸，这背后也是明显的关心和爱，但同时反问他"还要哭吗？要哭接着哭，我还等着你"以及孩子如果以撞墙威胁时家长的语言应对，背后都体现出家长所严守的边界意识：家长不能禁止孩子接下来的行为——哭泣或是撞墙，家长只能决定自己做什么——即如果你选择继续哭或撞墙，这是你的决定，只要你自己不觉得难受不觉得疼，那么我都可以接受，并在旁边等着陪着你。这些都是在以行动告诉孩子不要认为自残会对家长的行为产生影响，家长不会控制他，同时他也威胁不了家长。

二、孩子整天玩手机怎么办？

1. 案例呈现①

先检查和了解自己使用屏幕的时间。当我们试图帮助孩子解决玩手机的问题时，首先要自我反省，反思在这个问题上自己是否发挥了示范作用。比如：父母除非给孩子看视频，否则孩子就不好好吃饭。iPad与吃饭建立了联想关系。当父母感觉到厌烦或者想要把iPad拿走时，孩子的内心世界就会崩溃，不知道如何处理，甚至不知道在饭桌上好好吃饭是什么样子。

作为父母，要自我反省：自己每天花多少时间玩游戏、看视频，做没有意义的事情？怎样才能健康地平衡？每天花在这些事情上的时间是多少才是健康的？你是否认可这样的时间量？父母就是孩子的榜样：孩子看到父母做什么，他们就会跟着学习。如果你花更多的时间学习、阅读、做家务等，孩子就会跟着学习，并做同样的事情。

为孩子做出榜样，与他们一起解决问题，这样会让孩子感到受到鼓励和与父母的联系。说到联系，在不看屏幕的时间与孩子共度特殊时光也是很重要的。在这十五分钟一对一的特殊时光里，你要完全进入他们的世界，完全投入到孩子想做的事情中，这会让你和孩子的关系更亲密。

让孩子有机会参与手机使用规则的制定。在美国，孩子一般在12岁时获得人生的第一部手机。经常发生的情况是，父母在给孩子手机前，一般不会与孩子坐下来谈谈关于手机使用用途、什么时间使用、使用多长时间等方面的协议、期望或者制定这方面的规则。家长会认为这些不是父母的职责，认为这也太像正式协议了。或者孩子根本无法参与规则制定，毫无发言权，无法与父母合作。实际上，我们得让孩子参与进来，当孩子有参与感时，他们有种主人翁意识，有种受尊重、被聆听的感觉。当孩子想要在家里更多地玩手机时，父母要做到既和善又坚定。你要提出来一种协议，让孩子和父母双赢。双赢也是一个工具。如果玩手机太多，这就是孩子赢了，父母输了；如果父母厌烦了，没收手机作为惩罚，这就是孩子输了，父母赢了。然而父母很可能感到内疚，最终出于内疚的心理而将手机还回去了。这样一来，你就与我遇到的那些父母没

---

① 尼尔森讲正面管教[EB/OL]．[2023-07-01]．https://www.ximalaya.com/sound/168933891/111 053798．

有什么差别了。但是这是一个与孩子建立双赢的机会，达成一种双方都满意的协议。

你一定要与他们商量使用的次数和时间，避免孩子养成玩手机的习惯。因为这样不仅对孩子产生长远不利影响，对你自己同样如此。所以你要言行合一，自己寻找好平衡。当然，你的限制使用时间不必与孩子的相同。事实是，你必须自己愿意这样做，自己下定决心。

另外一个重要工具就是头脑风暴孩子的停机时间以什么形式度过。游戏还是看视频？要平衡好，尊重他们的环境、学习、成长和发展。

当孩子处在青春期时，手机是他们和外界联系的最重要手段，是他们与同伴联系的主要方式。在美国，青少年更擅长使用文字信息交流，而不是通过电话沟通。有些父母很难理解这种行为，也难以进入他们的内心世界。这时候我们能够做的最好的事情就是，当他们说"我想我需要与朋友交流一小时"的时候，耐心地倾听他们。很多青少年居住的地方彼此离得很远，他们没法通过在院子里共同玩耍等方式保持联系，只能通过电话、信息和社交媒体保持联系。理解这些，走进他们的内心世界，聚焦达成协议，找到双赢的解决方案。

另外一个可以做的事情就是，建立一个类似停车位一样的手机存放篮或者手机车库。不管叫什么，目的是找到一个能够拥有几次不看屏幕时间的解决之道。所有人都不看屏幕，所有人都不用手机。吃饭的时候，你也可以做出规定"大家吃饭时都不准再玩手机了"。我们要坐下来好好谈谈，哪怕只有十分钟、十五分钟，你要教会他们好的习惯和好的技巧。

▫ 2. "铁三角"理论模型重构反思时间

爱玩手机、乱发脾气、说脏话这些问题如果出现在低龄阶段，通常情况下是"铁三角"理论模型的"榜样"方面出现了问题。也就是说，与这个孩子日常生活密切相关的家庭成员中至少有一位成天玩手机、情绪失控、说脏话……因此，切入的关键点在于改变这个榜样的错误示范。当然，也不能脱离另外两条边的密切配合。

"先检查和了解自己使用屏幕的时间"这部分内容实质上就是让家长在孩子面前做好榜样示范。

"让孩子有机会参与手机使用规则的制定"这部分内容实质上是"爱"，是要求家长在亲子关系中把孩子视为独立和平等的个体，尊重孩子。

"理解这些，走进他们的内心世界，聚焦达成协议，找到双赢的解决方案"的实质也是爱，理解孩子，与孩子平等地对谈、商量解决策略。

"建立一个类似停车位一样的手机存放篮或者手机车库"是教家长一个"落地"的技术来解决看手机的问题。其要义在于"榜样"，即父母要求孩子不能使用，包含父母在内的所有人都要遵守这个规则。

问题是，按照前述"铁三角"理论模型的三边原则，在这个案例里"爱"和"榜样"都体现得非常充分，唯独缺乏了"边界"这条边的干预。那么，这里的"边界"体现在哪里？其实，这条"边界"在美国的法律中进行了相关规定。美国法律规定年满12周岁的孩子才可以拥有人生的第一部手机。这就意味着，无论家长是否情愿，法律规定了家长管束的边界，家长在孩子年满12周岁以后，要把是否使用手机的决定权利让渡孩子，由他们自己决定什么时候使用，以及如何使用。这就是边界。家长能做的就是在法律规范允许孩子使用手机之前，先为其做好前期的心理建设。

三、考试归来黄金五问

1. 案例呈现

拿到成绩以后我们可以这么做。

一问：问问孩子"你对自己的成绩满意吗"，而不是首先表达我们自己是否满意。

二问：如果孩子觉得满意，问问孩子"你打算怎么庆祝"，而不是"我要奖励你"。

三问：如果孩子感觉不满意，给予共情和安慰："看得出来你很不开心""很遗憾你这次考得不满意"。千万别再加上"我就说你平时得用功复习嘛！（责怪）"，这会让孩子感觉更加难过。

四问：不管孩子满意还是不满意，都可以再问问孩子"你觉得跟你从前比，是进步了还是退步了"，而不是跟别的孩子比。因为让自己越来越好的内动力是人的本能，跟自己比可以产生幸福感，培养成长型思维。

五问：还可以问问孩子"你觉得可以做什么让下次考试考得更好"，代替孩子体验生活不是我们该做的，但是支持孩子做得更好是我们的事。

2. "铁三角"重构反思时间

面对孩子考试类的学习问题,我们用"铁三角"理论模型的思维来考虑,就知道切入点一定是"边界"。为什么?

我们不妨先问问自己:考试/成绩/学习是谁的事情?

搞清楚这点,再回头来看上述案例中的五问逻辑。

一问体现的是"边界",因为学习是孩子自己的事,应该让孩子体验考试带给他的感受,而不是让他体验考试带给父母的感受。

二问体现的也是"边界",因为庆祝是体验到自我满足感后与他人分享快乐,而奖励意味着我们比孩子更有能力,家长高高在上的评判会抹杀孩子的自我满足感。

三问的共情、安慰和不责怪是"爱"。

四问中提到的不攀比别人、关注孩子自身的成长也是对孩子的"爱"。

五问中提到的"支持孩子做得更好"也是对孩子的"爱"。

问题是,"铁三角"中的"榜样"又体现在哪里呢?

你们发现了吗?五个问句从语气到内容都渗透一种平和的情绪,完全看不到家长因为孩子考得好而大喜或因孩子考得不好而失望、不满甚至愤怒。这种平和的态度本身正是"榜样"示范作用的体现。只有家长的情绪平和,孩子才不会对考试的结果患得患失,不会过于看重成绩而忽视了获取知识本身。

四、孩子容易哭鼻子或被批评时哭鼻子怎么办?

1. 案例呈现[①]

很多时候,孩子没有足够多的词汇来表达自己的感受和需求,他们只能哭。作为父母,我们能做的就是帮助孩子用有益的、鼓励性的、能帮助他们满足需求的方式来表达感情。今天就来讲讲,当孩子闹情绪时,有什么方法可以帮到孩子。

(1)认可孩子的感受。

在孩子闹情绪时,你可以说:妈妈知道你现在很生气或者很伤心。有时候

---

① 简·尼尔森. 正面管教[M]. 玉冰,译. 北京:京华出版社,2009(略有改动)。

孩子仅仅听到这句话就能冷静下来。你也可以给孩子一个拥抱,还可以询问孩子需不需要一个拥抱或者说自己需要一个拥抱,这是一个很好的分散孩子注意力的方式,也能帮助他们感觉更好。如果孩子因为沮丧而哭泣,拥抱是让他们感到支持和鼓励的最好方式。

(2) 教孩子用自我陈述的方式表达情绪。

很多成年人都无法准确辨别自己的情绪,无法通过健康的方式表达或处理情绪。为了让孩子学会用自我陈述的方式表达情绪,我们可以使用"虫虫与愿望"(bugs and wishes)的小活动。这是孩子学会表达自己的一种非常有趣的方式。在这个活动中,我们用一只手拿着一个虫子木偶,另一只手拿着一个魔法棒。我们把虫子木偶给孩子,让孩子说一些令自己烦恼的事情,说一说自己希望爸爸妈妈有哪些改变。

比如,"当你说伤害我的话或骂我时,我觉得很受伤。我希望你不要使用伤人的词语"。

再如,"当你说你要做一件事情,却没做到的时候,我觉得很失望。我希望你能说到做到"。

这些都是很好的例子,我们可以采用这样的方式,教会他们用有益的方式处理情绪,而不是满腹牢骚或哭闹不止。

(3) 把批评变成反馈意见。

父母经常把批评作为一种激励孩子的方式,因为他们相信批评是有益的,然而我们自己也都被批评过,也知道其实成人也很难听进去批评意见,特别是在自己感到愤怒或沮丧时,而且批评也会容易让我们有挫败的感觉,觉得自己很糟糕。所以,虽然有时批评是出于好意,但结果往往不尽如人意,而反馈意见却能达到比较好的效果。

家长给孩子反馈意见让他们处理,可以帮助孩子更好地表达自我。在给予反馈意见时,时机和语气非常重要。所以当家长准备给出反馈意见时,要先问自己现在的时机对不对,孩子是不是已经感到气馁了,或者是否要在本来就时间紧张的上学路上做出评论,这样可能导致孩子上学迟到。

把握好时机对父母来说可能会有点难,因为事情发生时也是父母特别想给出反馈意见的时候,但如果时机不对,孩子可能还处在烦躁之中,父母也可能正处在烦躁之中,这时父母的语气很难做到耐心,语言也可能会具有攻击性,这样的反馈意见说出来更像是批评,孩子也不会觉得这样的反馈意见有帮助。所以,父母在向孩子反馈意见时,一定要注意时机和语气。

(4) 运用好奇的问题，引导孩子认识情绪。

当孩子冷静下来后，可以和孩子聊聊，了解孩子当时的真实想法。比如，能不能告诉妈妈发生了什么？这件事情你有什么感受？有没有一些事情，你做了就可以更好地表达自己，让自己感到更受鼓舞、更多地被聆听？下次做同样的事情，你会不会有不同的做法？

问这些好奇的问题可以帮助父母走进孩子的世界，他们会真正感受到有人在倾听自己，让孩子感觉到父母是站在他们一边的。之后你就可以引导孩子，如果以后遇到类似情况时该如何应对。你可以这样说：当你在闹情绪时，你可以有什么不同的做法，你可以先离开现场吗？你可以数到10，深呼吸帮助自己冷静下来吗？这些都是孩子闹情绪时很有用的处理技巧。我们要让孩子意识到情绪本身不是挑战，真正的挑战是他们如何处理情绪。

(5) 让孩子释放自己的情绪。

我们希望教会孩子以积极的方式处理情绪，但也要意识到让孩子释放情绪的重要性。这对父母来说可能会很难，特别是孩子在大声哭泣、场面失控的时候。当你尝试了很多方法依然不奏效时，你可以对孩子说：我看你还是很生气，当你冷静下来，就过来找我。或者说，我静静地坐在你身边，你让情绪释放出来，你看这样可以吗？当你让孩子自己面对他们的情绪时，其实也是在让他们发展自己的恢复力，让他们认识到自己也可以承受生命的起起伏伏，让孩子感受到更多的力量和自主，他们也会更愿意为自己的情绪负责。当孩子感觉到被支持时，就更容易采取正确的态度面对情绪，也会更多地感受到与父母的情感连接。

2. "铁三角"重构反思时间

面对孩子情绪类的问题，如果我们闭上眼，尝试用"铁三角"理论模型的思维来对信息进行过滤，那么切入点应该是什么？

一定是榜样。

因为在低龄孩子那里，一个亘古不变的真理是：一个情绪失控的孩子身后一定站着一位情绪失控的家长。这样你就能理解为什么有的家庭怎样也不可能培养出一个撒泼打滚的孩子了。

而成年人对自我情绪管理的不断练习对孩子来说本身就是具有鼓舞性的。

所以，上述案例确实使用了一些听起来很专业的策略活动，例如"虫虫与愿望"的游戏、深呼吸的方法等。问题是：家长自己平时习惯用这些方法来管理自己的负面情绪吗？家长真的从心底认可这些方法的有效性吗？家长会耐心地践行"虫虫与愿望"的游戏与孩子进行互动吗？家长自己情绪平和吗？一个成年人都不知道如何管理自己的情绪，孩子能学会吗？

综上，当我们用"铁三角"理论模型思考这个问题的解决方案时，一切将变得非常简单。

第一，榜样。作为父母，做自己情绪的主人，让孩子看到日常生活中父母情绪不佳时，会以什么方式来处理情绪，并与孩子讨论、分享。

第二，爱。认同并尊重孩子的情绪。对孩子来说，哭鼻子是一种正常的情绪发泄，跟大人情绪不佳时不想说话、借酒浇愁等性质一样，没必要小题大做，更没必要与"男儿有泪不轻弹"这些带有"标签"性质的评价结合起来。家长无须批评指责孩子，因为批评会导致惭愧，让孩子觉得自己很糟糕。总之，不要让孩子感到沮丧，而是让他受到鼓舞。在孩子哭鼻子的时候，家长要做的主要是认同孩子这种情绪，理解并认可他的宣泄方式，拍拍他的背、抱抱他，或者默默地陪着他。

第三，边界。如果以上方式都不奏效，家长可以让孩子继续哭一会儿发泄下，或者问问他想不想玩点别的。孩子需要对自己的情绪负责，而不是家长。家长可以为他提供转换情绪的方案，可以陪他，可以劝他，可以尝试各种方式，但不能被孩子这一刻的情绪绑架。所以，家长偶尔可以这样想——不奏效就不奏效，要哭就哭个够吧，哭够了自然就停了。

记住，哭泣原本就是孩子的权利，家长真的无须紧张。

第六章 "铁三角"理论模型是如何指导家庭亲子沟通的

中国向来有重视家庭建设，注重家教、家风的传统。近年来，政府更是出台诸多相关政策法规，为家庭教育提供了坚实的保障：2022年4月12日，全国妇联、教育部等11部门印发了《关于指导推进家庭教育的五年规划（2021—2025年）》，该规划包括面对政府设立的家庭教育指导机构、面对中小学、幼儿园以及面对城乡社区家庭教育指导机构等三方面的服务面向。可以说，正是国家倡导构建覆盖城乡的家庭教育指导服务体系，健全学校家庭社会协同育人机制，再加上"三孩"生育政策的推广实施，才促使家庭教育的需求加大，催生了家庭教育指导师这一新职业。而2021年我国首部关于家庭教育的立法《家庭教育促进法》的正式实施，更是为家庭教育指导师这一新职业描绘了广阔的发展前景。

基于此，这一章我们将换一个视角——尝试站在家庭教育指导师的视角，试着成为自己家庭教育的指导师，对自己的家庭教育问题进行重新审视，同时再次验证"铁三角"理论模型这个工具能否有助于解决我们家庭中的真实冲突问题。各位读者也可以在对家庭教育"铁三角"理论模型有系统了解的前提下，把这一章的内容作为检验认知效果的标准，跟着我的案例描述来临摹家庭教育指导师的实操指导。

需要说明的是，这一章的案例全部来自本人做家庭教育指导督导以来所指导的真实案例；而出于伦理方面的考虑，我对当事家庭的个人信息都做了基本处理，各位读者请勿对号入座。

此外，本章所涉及的家庭咨询理念和方法不具有诊断及治疗精神疾病的功能。如果读者有精神疾病方面的相关症状或者疑问，请务必及早到正规医院的精神科就诊或者咨询。

第一节 家庭教育指导工作的出发点：为家长"赋能"

家庭教育指导师无论面对什么类型的父母展开指导工作，都有其以不变应万变的底层逻辑。在不断变化的外部形势下追求不变的解决措施，正是所有家庭教育指导师工作的精髓。

首先，家庭教育指导师要帮助前来咨询的家长摆脱愧疚、焦虑、无力等负面情绪，帮助他们认可和接纳自己作为父母的价值，这意味着家庭教育指导师的工作重心首先在于为家长"赋能"。"赋能"就是让家长明白，我们不需要成为最好的父母，这样的要求只会给自己带来负担和苛求；对孩子而言，他们并不需要完美的家长，而是需要愿意尝试理解、能够觉察他们情绪变化的家长。那么，家长就可以无所作为吗？当然不是！家长要注意觉察，不仅要觉察自己，也要觉察孩子的情绪和行为。觉察是要学习的，实际上本来这项技能我们每个人天生都有——手舞足蹈、感受自己对手指和身体等控制的婴儿就是在觉察，只是伴随着成长，我们逐渐被外在的欲念牵引，丧失了最初对自己内心世界的觉察……在觉察的基础上，去做自己在当时那个情境下认为对的、合适的行为即可，能做到这样，就已经是合格的父母了。要知道，和孩子的成长相比，我们是不是好父母其实并不重要，重要的是我们有没有能力从想做一个在大家看来足够好甚至是近乎完美的父母的执念中走出来，尝试着做能够理解孩子、跟得上孩子成长节奏的父母。所以，有的心理专家很巧妙地把温尼科特所讲的"足够好的妈妈"翻译成了"60分妈妈"。

其次，家庭教育指导师要帮助家长与孩子共情，让家长理解孩子的不良行为。心理学家阿德勒在《自卑与超越》里指出，人的一生都在追求两种感觉：归属感和价值感。

所以，家长朋友们，当孩子无理取闹甚至撒泼打滚时，如果你把这视为一种想获得归属感、价值感，却不知道怎样以一种恰当、有效的方式来表达的行为，是否会对孩子有不同的感觉？是否可以平息心中的怒火？

阿德勒有一个"14 天治愈计划"治疗抑郁症的方案，方案的核心就是让对方每天为别人做一件事，坚持 14 天，到时候他身上的抑郁症状就会消失了；甚至于可能并没有让其马上做出实际的行动，哪怕只是想想能为别人做些什么，这个人就已经走上改善之路了。这个方案之所以有效，就在于它在个体的价值感上做了针对性的改进。

对价值感与归属感的追求也适用于家庭教育。家长希望自己作为父母的角色是成功的，这就是他们想获得的价值感；同时，家长也希望自己的家庭教育理念能得到他人乃至社会的认同，这种对认同感的追求也就是对归属感的依赖。因此，家庭教育指导师在给予指导之前，需要花费一段时间倾听家长，因为倾听本身就开启了帮助提升家长效能感的"通道"，在此基础上，家庭教育指导师提供的指导和建议才更能为家长所接受。

归纳起来，在具体的指导内容上，指导师要做的通常就是两件事：其一，唤醒家长对亲子关系边界意识的觉察；其二，让家长意识到孩子不良行为背后是无助，而不是故意的挑衅。实际上，这两件事的核心目标是一致的——帮助促进整个家庭"爱"的正向磁场的运转。因为"爱"是一切动力的起点。

除此之外，家庭教育指导师在具体的指导实践中，一定要注意尊重咨询家庭的日常交往模式，在给予指导建议时遵循"少即是多"原则。因为每一个家庭都有独特的自我修复机制，家庭教育指导师指导的关键之处在于帮助家长发现自我修复的"按钮"并启动它，即家庭教育指导师的指导只是为了发现和启迪，而非改造，否则就违背了指导的初衷。

要知道，没有绝对的混乱，每一种混乱背后都有看不见的秩序；作为家庭教育指导师，要去理解这个秩序，而不是一味地把自己认为"高大上"的教育经验强行嫁接在他人习以为常的生活之上。好的指导咨询建议应该是从不同的家庭里自然生长出来的，不应带有过于明显的任务性。

下面，我将用两个案例从反面论证家庭教育指导师在给予指导建议时"用力过猛"可能导致的问题。

案例1

爸爸早出晚归，妈妈负责孩子的起居饮食。孩子三岁了，即将上幼儿园。可孩子不好好吃饭，每次吃饭时妈妈都要用笔记本电脑给孩子放动画片，孩子边看边吃。

主诉：解决孩子的吃饭问题。

【原指导师给出的建议】

1. 妈妈网上下载做菜清单，由每餐三个菜（一荤一素一汤）增加到每餐四五个分量少但种类多的菜，以便从色彩和花样上提升孩子的食欲。

2. 请爸爸配合，尽量做到经常陪伴。
3. 奖励小红花，增强正向行为。
4. 放动画片移到饭后作为奖励。
5. 使用"番茄钟"让孩子以显性的方式感受时间的流逝，加快吃饭速度。
……

【问题分析】
首先，妈妈负责孩子的起居饮食，每餐三个菜已经很丰盛了。为了解决孩子吃饭问题，指导师还要妈妈增加到每餐四五个菜，没有真正考虑妈妈需要额外付出的工作量和精力。其次，指导师突然要求爸爸增加陪伴时间，由于各种因素限制，他不一定能做到。再次，妈妈的小红花奖励对3岁的孩子是否有吸引力，将看动画片作为饭后奖励是否合适有待考量。这有可能让孩子觉得吃饭必须和奖励联系在一起，如果以后没有奖励就不吃饭了。最后，"番茄钟"这样一个用于学习习惯矫正的道具被放进孩子基本生理需求的重新认知中是否合适，也有待考量。

案例2

家里三个孩子，父亲常年在外务工，妈妈天天打麻将。三个孩子中的大女儿脾气很暴躁。

主诉：解决大女儿情绪方面的问题。

【原指导师给出的建议】
首要的一条是妈妈不要再打麻将，因为对孩子影响不好，应该为孩子创造积极健康的学习和生活环境。

【问题分析】
打麻将对孩子的学习生活环境影响不好，相信这是所有成熟父母的常识。然而，主诉现在要求的是解决孩子乱发脾气的情绪问题，

> 所以榜样和爱才是切入的关键点。前文我已经多次提及，每个脾气暴躁的孩子背后一定站着一位脾气暴躁、情绪管理失控的家长。所以相较于劝解妈妈不打麻将，问题的关键点更在于妈妈如何处理自己的情绪问题，做出榜样示范。那么问题来了，为什么妈妈情绪不好？这和她自己一个人带三个孩子、丈夫常年在外务工无人给她搭把手有没有关系？有没有可能打麻将是她唯一的情绪宣泄口？指导师对这些可能的影响因素置若罔闻，上来就先就"堵"住妈妈坏情绪的疏导通道，甚至站在"不良嗜好"的危害性角度对家长进行知识科普，这其实就是在以自己所谓的"科学经验"强行改造别人的生活，这种未能关照当事人情感和习惯需求的建议不仅缺少人文关怀，也很难得到当事人的认真配合。要知道，这个社会对于"吸烟有害健康""打麻将是不良嗜好"的认知普及已经足够充分，如果一个成年人仍然对此"明知故犯"，根本原因绝不在于"认知脑"（认识层面）的欠缺，而在于"情感脑"（复杂的情感）、"行为脑"（下意识的行为习惯动作）的左右，不解决这些方面的根本问题，改变就无从谈起。

总而言之，在家庭教育咨询指导过程中，如果指导者按照自己事先设计好的"剧本"让个案中的人员进行"表演"，必将面临"个案为什么不按照剧本演出"的问题。在上述案例的实际操作中，指导师提出的解决策略都遭到了指导家庭"不按照剧本演出"的委婉式拒绝，就是这个原因。可见，对咨询指导理论（模式）的过分依赖将使指导面临困境。家庭教育指导师需要从咨询家庭特有的系统和资源结构入手，启发家长找到适合自己家庭的相处之道，了解家长对教育孩子的真实理念和需求。好的方案从来不是指导师定义的，而是由生活在其中并真正使用它的人和家庭来决定甚至创造的。

第二节　家庭教育指导师入场及准备

我在总结自己接触的众多案例后发现，让许多家长着急和焦虑的问题，基本上可以归类于孩子的学习、行为和情绪方面的问题。接下来，我们就运用家庭教育"铁三角"理论模型看看如果这三方面出现了问题应该怎么办。

一、针对孩子学习方面的问题

对于父母,面对孩子的学习问题,首先需要考虑的问题是:学习是谁的事情呢?这就要运用"边界"的方法论思维。处理这类问题,切入点一定是"边界"。其次,当涉及如何对孩子的学习习惯做出纠正时,家长自身的榜样示范是关键要素。最后,如何帮助孩子提高学习成绩似乎是大部分家长关心、焦虑的问题,但其实我们需要再次回到"边界"的思维中——成绩提高是谁的事情?毋庸置疑,学生是主体,而非家长。厘清这个前提,家长就明白自己能进行的干预实际上是有限度的。

二、针对孩子行为方面的问题

对于孩子行为方面的问题,我们同样首先应该考量的问题是:什么是影响孩子行为的关键性要素?答案很简单——环境。环境包括家庭环境和学校环境。而环境中最能发挥功用的就是"榜样"的力量了。

通常来说,孩子行为不当的潜在心理因素可以归纳为以下四种。

1. 寻求过度关注来获得归属感

面对这种孩子,我们要考虑以下问题:孩子的需求是什么?如果家长不介入,孩子能否自己处理?如果我们有所回应,会对孩子的自我认知产生什么影响?

如果我们能够分辨孩子寻求过度关注的行为,对孩子错误的寻求过度关注的行为不予回应,而是在他们合作及表现好时给予恰当的鼓励,就能帮孩子重新审视自己的行为,确定自己的价值。

所以,这时应该以"边界"作为切入的方向。

2. 权力之争

过度关注和权力之争的重要区别在于:当孩子的行为被大人纠正时,想要得到关注的孩子一受到斥责就会停止自己的行为;而想要得到权力的孩子则会继续甚至变本加厉地表现出令人恼火的行为。比如,家长正在忙自己的事情,提前告诉了孩子尽量不要来打扰。然而,孩子一会儿让家长帮忙拿玩具,一会儿说他口渴了，不断打断，家长一开始也很有耐心回应了孩子正常的需求，但后面发现，孩子并没什么需求却仍然不断呼喊家长，这时候通常就是寻求过度关注了，时间长了家长有些不耐烦，呵斥了孩子，并强调自己的工作马上结束，告诉孩子耐心安静地等待。如果孩子不仅无动于衷，反而加剧了自己的捣乱和制造噪音程度，就基本可以断定是权力之争了，孩子在用这种方式告诉家长：我偏不，我就要，哼，因为我说了算！这个家里你拿我没办法，你得听我的！

当我们命令或者强迫孩子做事情时，通常会导致权力之争。

在我们搞不清楚自己的某种行为是否为权力之争时，第一个判断标准是问自己：在这件事中，我个人的好处是什么？这是为了孩子好，还是为了维护我个人的权威？如果只是出于维护自己个人的权威，那么显然，你们双方就会倾向于陷入权力之争。

第二个判断标准是看结果。家长从前与孩子就相同的情形演练了多次，但孩子仍然采取的是以往惯常的应对方式，孩子有没有反抗行为？面对孩子的反抗，我们愤怒吗？如果我们是愤怒的而且这种愤怒会因为孩子的反抗而演变得越发不可收拾，那么，毫无疑问，双方还是陷入了权力之争的"漩涡"。

第三个判断标准是我们的语气，这是非常准确的观察点。我们的语气是平和而坚定的，还是强硬而怒气冲冲的？平和而坚定的语气应该是沉着、平静、踏实的，而权力之争的语气则是言辞越来越激烈、越来越愤怒的。

在权力之争中，父母最先应该考虑的应该是"爱"，即确定自己到底是真的为了孩子好，还是仅仅为了维护自己个人的权威。比如：你儿子染了一头花花绿绿的头发回家，而这是你不能容忍的，你坚持要求他把头发染回来，但是他强调头发长在他身上，别人认为好不好看，他不在乎，你愤怒地嘶吼："老子供你吃供你穿，你翅膀硬了还跟我顶嘴！"所以，这时候家长究竟是因为什么要坚持让孩子把头发染回来？是担心染发剂的化学成分伤害孩子的头皮，担心孩子因为发型的特立独行而受到一些偏见或者不公平的待遇（这些都是为了孩子），还是说那一刻家长只是感觉自己的权威受到了孩子的挑衅？

有了对"爱"的前提考量，家长就知道了是应该继续自己的坚持，还是应该调整放弃。

☐ 3. 进行报复

有这种行为的孩子价值感是通过伤害他人来体现的，也通常是为了弥补自己受伤的内心。在这种情况下，家长通常在当下的行为举止上没有过错，甚至还为孩子付出了很多，但是孩子说出了一些很伤人的话，比如"我恨你，我讨厌你"，甚至做一些带有破坏性的事情，比如摔东西等，让家长感受到伤害或者憎恶。但实际上孩子这样做是为了通过伤害当下的家长来补偿之前他受到的情感伤害。对于这样的孩子，家长只能用"铁三角"理论模型中的"爱"去化解，切忌当场进行还击，而要表达对孩子受伤感觉的理解。当然，如果家长此时已被激怒，也感觉很受伤，那就不妨留孩子在原地，彼此度过一段"冷静期"。在"冷静期"过后，家长既可以忽略这一问题，和孩子分享一些别的感兴趣的话题，也可以采用目的揭示法与孩子一起找出其伤痛的真实根源。

4. 自暴自弃

自暴自弃即孩子避免去做那些他预料会失败的事情。惩罚过于严厉、父母给予奖励时有失公平、奖励太难获得、为避免惩罚而需要学习的事情太难，都有可能导致孩子自暴自弃。简单来说，自暴自弃的孩子不再试着面对现实——因为现实对他来说过于痛苦或复杂；他感觉无法为自身环境中存在的各种力量找到合适的调整方法。因此，某种程度上，这种孩子认为与其面对失败，不如索性放弃和逃避，本能告诉他逃避是更安全的办法。他甚至还可能会嘴硬地说"我就是不想做""这有什么意思"等，事实上，孩子内心极其恐惧失败，没有安全感，更别提去探索和奋斗了。对于这种孩子，家长依然要把握自己的"边界"，要尊重孩子，不强迫他们遵守规则或去尝试什么，还要控制过于严苛地对孩子进行控制的欲望，从"爱"的角度出发，多些耐心和信心，为孩子提供一些容易成功的机会，允许孩子小步前进。

需要注意的是，以上归纳总结的行为不当的潜在心理因素在年龄较小（12岁以前）的孩子身上比较明显，因为这时期孩子的关注点，是努力发展自己和父母以及其他成人的关系，因此具有共性特征，而且容易被察觉。但是到了青春期，孩子和同伴的关系变得更重要，会开始寻求更宽泛的行为模式，目的是寻求自己在同伴中的位置，因此，这个时期孩子的不当行为背后掺杂的因素会更加复杂多样，会超出上述范围。

三、针对孩子情绪方面的问题

许多孩子情绪问题的根源都是缺乏安全感。所以对于这种类型的问题，要以"爱"为切入口，之后考虑榜样的示范作用，即家里是否有一位懂得处理自己情绪的家长。如果家长的情绪管理能力很强，就会对孩子形成一个正向的引领和示范作用。

让我们回到对爱的两条方法论——"边界"和"榜样"的探讨中。

1. "边界"问题

比如面对下面这些问题，你会明显发觉可能是"边界"出了问题。

——孩子不好好吃饭，怎么办呢？（饭没吃饱，谁饿？）
——孩子不好好睡觉，怎么办？（睡眠不充足，谁难受？）
——孩子不好好写作业，怎么陪孩子写作业？（写作业是谁的事情？）
——孩子不自信怎么办？（家长是否有为孩子提供自己解决问题的机会？）

家庭教育指导师要帮助家长看到这些问题背后究竟是谁该负责任，引导家长在厘清边界的情况下，做到以下两点。

第一，利用自然结果（不需要成人介入而自然发生的事情就是自然结果）和合理逻辑结果，不用恐吓惩罚，也不用奖励贿赂。当逻辑结果被用于恐吓或者发怒时，就不再是逻辑结果，而是变成了惩罚。父母一定要给孩子足够的空间，学会放手，让某些结果自然发生。事后观察到孩子需要帮助时，再及时予以援手。家长要意识到自己没有权利惩罚和自己享有同等地位的孩子。

第二，信任孩子，真正表现出对他的尊重。其实做父母很简单，只要你能够听得进去孩子的话，你和孩子的关系就不会有太多问题，只要你愿意尝试信任孩子，在和孩子相处的过程中愿意试着从情感的角度理解孩子，孩子就会不断地回报给你惊喜。总之，试着放下"我一定要做好父母"的执念，试着对孩子多一些理解、信任和支持，对自己和孩子的关系保持一些觉察和反思，这些是家长保持松弛感的底气。

2. "榜样"问题

如果是"榜样"这条边出了问题，家庭教育指导师要抓住的核心要点在于主诉期望孩子做到的事情自己是否有以身示范。也就是说，家庭教育指导师一定要朝着这个方向去引导家长——要为自己希望孩子学会的事情、形成的品格、需要的社会技能和人生技能做出榜样。

对家长而言，也是如此：当你面对孩子某些令人头疼的问题时，可以先反思自己身上是否具有相同或相似的问题。想要孩子调整的话，自己需要以身作则，和孩子一起（甚至比孩子提前）做出改变和调整。

通常只要家长愿意做出改变，能够进行榜样示范，那么70%以上的问题在该阶段就能够得到解决。但也有一些家长跟家庭教育指导师抱怨道："我明明已经做出了榜样，但孩子的问题依然存在。你的榜样示范法并不是那么有效呀！"这时，家庭教育指导师可以尝试再追加一个问题：你的榜样示范让孩子感知、了解了吗？

榜样示范没有起到作用，通常只有两种情况。一种是家长确实做了榜样示范，但这个信号在传递时出现了信息误差，至少接收者——孩子并没有感受到。这种情况下，亲子间的沟通交流就显得非常重要了。举个例子，有家长说自己早出晚归辛勤工作，孩子却依旧懒散。或许问题在于，孩子只看到了家长出门，回家放松"躺平"，因此，并未感知到家长的辛苦，或者认为你的工作并没有他的学习辛苦，或者认为你并不能感同身受地理解他学习方面的辛苦。

所以，面对这种咨询案例，家庭教育指导师的切入点应该是在家庭中架起一座关系桥梁，让孩子感知来自父母的榜样示范力量。

在这个过程中，家长需要把握一条原则：做比说体悟更深。因此，能用行动表示的就不要用语言；尤其很多家长通常不懂如何好好说话，说多了反而容易引发孩子的情绪对抗。

此外，这里还要注意榜样示范人所囊括的范围。根据我们的指导经验，这取决于行为本身的性质，大致可以分为两类：一类是所有家庭共同生活居住人都必须配合的，这类问题行为有孩子手机长期不离手、讲脏话等；另一类是陪伴孩子成长的关键性家庭成员（通常为某个主要抚养人或者两位第一监护人）示范做到即可，这类行为有希望孩子热爱学习、希望孩子更有自信等。

总而言之，就是需要被禁止的问题性行为需要全家总动员，而代表着家长更高期望的期许性行为则只要关键成员做出表率。

榜样示范未呈现显著效果的第二种情况，就是时间沉淀还不够。有些家长心血来潮突然改变了自己的行为习惯，并期望这种改变能够取得立竿见影的效果，这是不现实的。要知道，"罗马不是一日建成的"，良好习惯的养成、潜移默化的效果都需要时间的积累。

第三节　家庭教育指导师入场全流程操作指南

虽然家庭教育指导师与心理咨询师有着诸多相近的专业理论基础，但心理咨询师的工作重心不在于给建议，而是靠咨询师和来访者之间建立的工作联盟关系推动心理咨询发挥作用，咨询师和来访者之间是一种相互塑造、相互影响的关系；家庭教育指导师则一定要给予主诉家庭最直接的建议、指令，甚至命令。因为这个职业的存在价值就在于为家长提供支持服务，提高他们培养健康儿童、维系良好家庭氛围的能力和信心。

为此，我将结合家庭教育指导师的日常来大致梳理其工作流程。家长们对此有一定了解后可以看如何与自己的家庭相结合，成为自己家庭的教育指导师。

一、接诊

作为家庭教育指导师，开启职业之旅的第一步，是接诊。

通常上门来找家庭教育指导师反映家庭教育或者子女行为问题的是这个家庭的爸爸或者妈妈。其中以妈妈居多，妈妈通常更愿意求助，也更愿意倾诉。无论是哪一位，我们先一起来分析主动推开"咨询之门"的不同家庭成员的优劣之处，这样才能为后期咨询工作的顺利开展铺平道路。

如果是妈妈来"推门"，她的优势在于对孩子行为细节和问题的掌握更全面，观察也更仔细；她的劣势则在于通常更容易陷入焦虑的情绪，无法冷静理智地考虑关于孩子的问题。

如果是爸爸来"推门"，他的优势在于在家庭中通常具有权威地位，如果他够主动，后面的咨询辅导将会带动全家人给予家庭教育指导师主动的支持与配合；他的劣势在于不太容易接受直面的批评，以至于有时在行为上很难做出根本性改变。

如果是爸爸妈妈一起来"推门"，那么恭喜家庭教育指导师，这意味着你可以把精力完全聚焦于对孩子行为问题本身的解决上，因为你已经获得了家庭成员的主动支持与信任。这个好的开始就是成功了一半。

以上是我在多年一线咨询指导工作中积累的经验，并不能囊括每个家庭的特殊情况。无疑，对家庭教育指导师而言，最好的接诊状况是爸爸妈妈提前沟通好，在达成共识后由一方甚至双方一起来"推门"。

另外，还有一种情况是隔代老人（或非第一监护人）来求助的。面对这种特殊情况，家庭教育指导师可能会在工作过程中遇到一些困难，因为对多数家庭来说，隔代老人（或非第一监护人）对孩子的影响是比较小的，教育效果也不大明显。而且，如果隔代老人（或非第一监护人）愿意接受咨询指导，而孩子的爸爸妈妈并不愿意，很不配合的话，那指导工作更是难以开展。对于这种类型的指导，只能先从隔代老人（或非第一监护人）的角度出发，给予他们一些专业方面的指导和支持，尝试将学习效果辐射于家庭中的其他成员，后期看有没有可能触动第一监护人，使其愿意参与指导环节。

通常而言，愿意为咨询指导付费或者花费时间精力，这个行为本身就彰显了家长对孩子的爱。只是对于前来咨询的家长，家庭教育指导师要判断其诉求是否合理，因为很多家长其实是希望矫正孩子的行为问题，或帮助孩子提升学习成绩。对于这些情况，家庭教育指导师并非只能全盘接受，因为它们本身可能存在违背现阶段主客观条件的问题，更有可能仅仅是为了满足家长单方面的需求，而不是基于孩子的成长性发展诉求。所以，家庭教育指导师一定要帮助家长厘清需求，比如主诉的诉求是否逾越了边界，再如对于孩子的行为，哪些是家长应该管束的、哪些是家长应适当放手的等。

综上，如何通过疏导帮助家长摆正心态、把诉求转移到孩子的身心健康发展上，是家庭教育指导师第一步要做的，这也能帮助家庭教育指导师设计此次接诊所能达成的合理性目标。

那么，帮助家长正确审视家庭教育的指导目标，可以运用什么方法呢？

通常，我们会使用"连环追问法"，也叫"产婆术式"提问。

案例

我家初中的孩子现在就厌学了，怎么办？

【背景介绍】

家庭教育指导师前期已经通过多方面测评以及与孩子的直接对话，了解到孩子由于学习习惯等方面的问题，完全无法适应目前的学校，并且自卑情绪严重，甚至只要遇到学校考试就出现头晕目眩等生理反应。

【具体对话】

以下是家长找到我们的指导师做咨询时，两人对话的片段截取。

指导师：您的诉求就是希望他能继续上学？

家　　长：当然，他这个年龄段哪个孩子不是在上学？

指导师：听起来，您因为孩子与身边人格格不入而感到困扰，是这样吗？

家　　长：是啊，别人问起来说你家孩子在干嘛，我脸都没处搁。

指导师：坦诚地讲，我想在您的担忧当中，除了考虑孩子的学习与未来以外，刚才您提到的"脸都没处搁"或许也是一个很关键的值得考量的因素。您认为呢？

家　　长：可是不上学不读书，将来他连自己都养活不了啊？怎么在这个社会立足？

指导师：的确，您的这个担忧很多家长都有。同时，我可能也需要跟您反馈一些事情。似乎在您的担忧之下，您把某些属于需要自己处理的情绪和行动也转移到了孩子身上。您最担心的是孩子未来无法自给自足的问题，但无意之中，孩子有可能更多感受到的是您的负面情绪，而不是在情绪冷静的情况下带孩子共同探索和解决这个问题，您觉得呢？

家　　长：是啊，没办法啊，我知道我脾气急，有时候情绪来了，就是控制不住。

指导师：嗯，我也是做家长的，能明白您说的这个问题。或者有可能的话，您可以和孩子交流，看看他的想法和对未来的打算是怎样的。现在这社会发展其实挺多元的，发展机会也比我们以前多了很多，或许孩子可以给咱们一些启发，对吧？读书肯定没错的，不读书也未必就没有未来了，对吗？或者咱们试试看问问孩子自己对未来有什么打算，下一次再来看看如何帮助孩子，您觉得呢？

通过这个真实的家庭教育指导案例，我们是否可以从侧面更深入地了解家长要"超越有条件的爱"呢？事实上，在家庭教育指导中，很多时候指导师首先要做的，并不是依据诉求观察找出症结、进行指导方案设计等，而是帮助家长摆正心态，帮家长把诉求中心转移到关心爱护孩子、促进其身心健康发展上。因为许多前来咨询的家长的诉求起点并不是"爱"，需要家庭教育指导师以"局外人"的身份帮他梳理家长的诉求究竟是爱孩子，还是爱自己的面子、维护个人的权威。家庭教育指导师通常会采用"连环追问法"帮助家长挖掘无条件爱的真实起点。

以自我为中心的诉求还有很多形式。以下是我们在进行家庭教育指导时，经常会遇到的家长脱口而出的诉求。

"我对孩子没什么要求，只要听话就好。"（问题是：听的是谁的话？为什么要听话？家长说的话就都是正确的吗？听话对孩子的身心健康发展有益吗？听话究竟是让谁受益了？）

"成绩能上去就行！"（成绩好，家长颜面有光。）

"不要早恋！"（早恋不仅影响成绩，还让家长丢脸。）

……

对于这些诉求，如果稍加追问，就会发现它们其实与孩子的身心健康发展并没有直接联系，都是家长从自己的角度狭隘要求孩子的结果。

对于"连环追问法"的具体运用案例如下。

> **案例**
>
> 指导师：为什么发现那些烟酒会让你生气？
> 家　长：因为我不希望她惹上麻烦。
> 指导师：为什么你不希望她惹上麻烦？
> 家　长：因为我不想她毁了自己。
> 指导师：你为什么不想让她毁了自己？
> 家　长：因为我爱她。
> 指导师：你觉得她有效接收到"你爱她"这一信息了吗？
> ……

通常而言，如果通过"连环追问法"仍不能将家长的关注重点引导到孩子身上，而是一味地以自己的诉求来要求家庭教育指导师帮忙达成自己的愿望，那基本上家庭教育指导师也可以考虑不接此案。推广到家庭教育中，家长也可以用这种"连环追问法"帮助自己厘清"爱"与"控制"的边界。如此一来，家长就会发现，生活中一半以上的家庭冲突烦恼来源于自己"想当然"设定的程序要求，而不是孩子。

二、家访（入场）观察：搜集基础信息

□ 1. 家访目的

确定接诊阶段主诉所提到的孩子的行为问题究竟是谁的问题。

□ 2. 家访内容

（1）观察孩子行为及其与成员相处的方式。
（2）观察家长行为及其与成员相处的方式。

在这个过程中需要考虑的有两点：第一，用什么方式搜集信息资料；第二，搜集哪些方面的信息资料。

□ 3. 家访的步骤要点

第一，提炼诉求。与这个家庭里所有成员进行简短交流，了解他们对彼此的需求和要求。（指标：家庭教育指导师能以关键词的方式提炼需求要点）

第二，找出症结。在观察家庭成员之间真实的相处模式以及当面交谈问询之后，归纳问题行为出现的原因。

第三，思考方案。通常孩子的行为问题错综复杂，涉及多个方面，我们可以从相对来说最能在短时间内看到直接效果的行为矫正入手。下面展示一则案例。

> **案例**
>
> 4岁男孩，特别黏妈妈，要大人提示才小（大）便，否则会尿（拉）在身上，要喂饭、不自己吃，情绪暴躁、动不动摔玩具。

> **【建议】**
> 家庭教育指导师在方案设计时可考虑首先解决孩子自主大小便、自主吃饭的问题。因为这些行为问题的解决相对容易，且能在最短时间内直接看到效果。这些事情虽小却非常耽误看护人的精力和时间，如果能快速让看护人感受到方案的有效性，他们在后期就能对家庭教育指导师给予更多的信任和支持配合。

此外，家庭教育指导师提出的每一个解决方案都必须与问题行为相对应，同时配备对每个家庭成员行为的指标要求；同时家庭教育指导师对自己设计的方案要保持清醒的知觉，进行多次自评与反思，厘清自己这样设计、整合提炼的依据。

这一段关于家庭教育指导师进入现场搜集家庭基础信息的总结中，带给我们的启示有两个。

第一，与生理相关的行为问题相对来说最容易解决，对家庭教育指导师来说是如此，对家长而言更是如此。解决的切入点就是厘清"边界"，因为不自己吃饭，孩子自己会肚子饿，小（大）便尿（拉）在身上孩子自己也能够感受到不舒适，之所以还会有这样的行为问题，多数情况是家长平时把这些生理上的不舒适感都替他避免或者提前安排好了，让他没有机会自己体验生理上的饥饿感或者大小便感，也没有机会把这种需求转化为语言表达出来。

第二，身为家长，要对自己家庭成员日常的交往模式、处理问题的沟通模式有一定的洞察力和观察力，因为只有日常生活中有所觉察，才能为爱的流动提供基础。

三、进行第一次家庭会议

1. 会议目的

用自己的专业知识直接指出问题、分析各方问题，赢得监护人的认同与支持。简而言之，就是为后期行为矫正打下心理基础。

2. 会议的准备工作

第一，考虑时间、地点、参会人员和会议目标等。

第二，家庭会议原则上要求每位共同居住的监护人都在场，尤其是父母。然而我们经常碰到的实际情况是，爸爸或者爷爷奶奶回避不参与。爷爷奶奶通常自主默认自己并非第一监护人而对家庭会议持旁观态度，所以只要他们不强烈反对，家庭教育指导师就可以视为支持。在中国式"长者为尊"的文化背景下，可以对他们的列席不做强制性要求。但如果父亲也以工作忙为由推脱该怎么办？我们过往的经验是，父亲这样做的根本原因在于他们对家庭教育指导师是否能解决自己孩子行为问题的专业能力秉持怀疑态度，只有在看到显著的效果之后他才可能从根本上转变观念。因此，如果有意志坚定且愿意积极配合的母亲，家庭教育指导师仍可考虑接下案子。前提是分步骤将最容易有显著改善情况的问题"拿捏"住、解决好，即找准上一个步骤中的方案"切口"。

3. 会议步骤与内容

（1）首先要注意表达对孩子的喜爱。
（2）总结问题表征（注意多用事实性、描述性语言）。
（3）原因归结（这可能涉及对每个家庭成员的行为方式的深层次分析）。
（4）指出行为的危害性。
（5）提出对家庭成员各方（尤其是监护人）的要求。

4. 会议结束后的反思与评估

会议结束后，要反思谁（行为）是重点、谁（行为）是难点，预估实施中可能会遇到的问题。

以上关于家庭会议的总结，其实主要适用于作为家庭教育指导师展开辅导工作的一个重要的工具性方法。我在第三章第一节专门论述过，它并不适用于中国的家庭成员自行开展。因为它的第一次召开，一定面临着不可跨越的问题，比如谁来主持这个家庭会议、以什么身份来主持、谁来参加、以什么理由参加等。开会这种西方家庭习以为常的沟通方式在中国的文化背景下，对大部分家庭而言是莫名其妙甚至略显做作的。然而，家庭教育指导师作为专业机构的中立的第三方代表，就不存在这些方面的困扰。

当然，这并不是说中国家庭成员自己就完全实施不了，如果家长一直以来营造的家庭氛围让大家对家庭会议没有非常刻板的印象，也是可以开展实施的。或者前期我们不一定非要开成"问题解决"大会，家庭会议的主题和性质其实是可以多样化的，比如，大家可以开成"分享"大会，尤其是在分享快乐时，其他人也会被快乐感染，这实际上是能有效促进家庭成员彼此之间感情交流的。如此开展一段时间，破除大家对"家庭会议"的抵触心理后，再转移到问题沟通、倾诉等功能上来，也是可行的。

总之，环境总在变化，智慧的家长也要顺时顺势而行，让这些工具方法为己所用。

四、实施：正式辅导

1. 制定家庭规则

确定 3~5 个目标，每一个家庭成员都应现场参与，注重仪式感。如果这个时候仍然有家庭共同生活成员不能到场怎么办？可以采用让孩子代为转告的方式，注意授予孩子这个"使命"的仪式感，并指导孩子如何把这种仪式感传递给那个没能到场的家庭成员，这样就能在一定程度上维持规则的严肃性。同时要配套正向激励方式。

在这个过程中，家庭教育指导师要考虑以下几点。

（1）帮助该家庭制定什么规则？依据是什么？（注意，这里的规则是家庭教育指导师引导家庭成员共同协商讨论出来的。）

（2）帮助该家庭制定什么奖励（惩罚）形式？依据是什么？

（3）需要提前准备什么道具与资源？

2. 辅助规则的建立

辅助规则主要是配合家庭规则而进行的，它需要家庭教育指导师在观察体验家庭各种真实生活场景和模拟实施的基础上提出。这个规则的建立要从两方面入手。

（1）行为矫正（指导师要明确指出在不同生活场景下谁的行为更需要被矫正）。

（2）执行技巧策略的告知与帮助（指导师最好能以身示范）。

可以看到，家庭教育指导师在正式辅导阶段的首要任务就是帮助有问题的家庭制定家庭规则。这对于我们普通家庭而言也同样适用。如果没有限制，孩子不仅会变得狂野没规矩、缺乏纪律，还会缺乏安全感。因为孩子需要了解自己的行为到了什么程度会不被接纳，以便于他们认识自己行为的底线。不仅如此，制定家庭规则还可以让孩子在家庭中学会尊重他人、妥善地处理人际关系、培养良好的习惯等。

那么，我们究竟该如何制定家庭规则呢？

首先，注重孩子的参与。让孩子参与制定家庭规则的过程，可以让他们更好地理解规则的重要性，也可以增强他们的责任感。

其次，注重与孩子协商。在制定家庭规则的过程中，家长与孩子进行协商和讨论，可以让孩子更好地理解规则，增强他们的自我管理能力。

最后，也是我反复强调的一点，家庭规则不是越多越好，"少即是多"。如果规则过多，家庭成员甚至都记不住，又何谈在日常生活中去践行呢？譬如，我自己制定的家庭规则就只有两条：第一，尊重父母和其他长辈；第二，不做任何伤害自己及他人身心健康的事情。这样一来，孩子们就知道挨打一定是触犯了这两条之一，在此之外一切都可商量，他们可以在预知行为所产生的后果的情况下，更安心地去选择自己的日常行为。

五、家庭独立实施阶段

1. 目的

家庭成员能够真实领悟家庭教育指导师给出的指导方案的精髓，在家庭教育指导师完全放手后也能及时矫正冲突场景中孩子的问题行为。

2. 要求

（1）家长最好能全程录制问题行为出现及解决的关键场景，以便后期家庭教育指导师能够更加客观、准确地找到问题的症结所在。

（2）如果上面的要求难以达到，家长最好以日记的形式，在事后第一时间对问题发生的场景和冲突本身进行回顾，并反思总结自己在操作过程中遇到的问题。

3. "放手"前家庭教育指导师的工作内容

（1）真实生活场景安排的策略，具体包括安排哪些生活情境及依据、相应的注意事项（包含可替代的 B 方案设计）、每个生活情境要达成的目标等。

（2）要求家长记录每个阶段的实施步骤，同时进行反思与自评，比如哪些策略是有效的、为什么有效，哪些策略是要进行些许调整的、为什么要调整等。

六、强化辅导阶段

1. 辅导目的

辅导是为了帮助家长看见孩子的进步与成长，针对家庭中仍然难以脱离习惯窠臼的问题行为进行重点强化辅导。

2. 辅导内容

（1）肯定效果。家庭教育指导师首先要对"独立实施"的正向效果加以肯定，帮助家长树立离开家庭教育指导师也可以独立操作的信心。切记以积极肯定的语句开场。

（2）对正确行为进行强化。比如：直接指出家长正确的行为细节，并指出孩子对家长这一正确行为的正向回应与反馈，以帮助家长看见正确行为的及时效果，最后对它加以直接的语言肯定和鼓励。

（3）对问题行为进行反思，比如反思某种行为为什么又变成了以往惯性的模式。

（4）对容易反复出现问题的行为进行重点辅导，对技巧策略进行多场景的打磨练习。任何一种行为的改变都是不容易的，人们看到的也许只是这种行为的一个结果，但是过程中渗透着认知、情感和行为习惯三方面形成合力才能取得的胜利。尤其人们倾向于在面对困难、挫折和不确定时，回归自己日常行为习惯的舒适区，这样可以帮助自己远离挫败感和对不熟悉事情的恐慌感。所以家长在孩子反复出现同样的问题时，既不要责怪孩子"烂泥扶不上墙"，更不要迁怒自己。要相信大量的重复和及时有效的反馈的力量，而大脑的可塑性其实是非常强的，尤其是对于年龄小的孩子来说，他们大部分能力其实都可以通过刻意练习来提高，我们常说的"勤能补拙"本身是有其心理学依据的。

七、关系升华策略与手段

实际上，截至上一阶段，家庭教育指导师的正式指导就基本结束了。这个步骤更趋于发挥一种画龙点睛的作用。在此阶段，家庭教育指导师应该着重考虑的是：在即将离开前，采取什么策略来帮助整个家庭关系实现"爱"的流转呢？具体地说，这种"流转"衡量的指标是什么？通常而言，在这个环节，家庭教育指导师会使用一些小策略技巧，比如让家庭成员给对方写一封信（表达从前没有勇气表露的心声）、送一个小礼物（通常是自己的手作或者其他用心准备的小礼物）、完成一项任务（在可控范围内家庭教育指导师也许还会故意提升难度，以便加深家庭成员在过程中的体验感）、制造一段非同寻常的经历……这些小策略技巧的目的只有一个——帮助这个家庭中的成员找回被忽视的家庭温暖，重新体验家庭中"爱"的流动，按下自我修复的"开关"。

不仅如此，家庭教育指导师也要切忌用力过猛、弄巧成拙。比如，有的家庭教育指导师要求含蓄内敛的中年夫妻当场来个爱的拥抱，还有的家庭教育指导师编排了一次家庭旅行，为更好地检验效果、制造冲突，安排家长假装生病来试探孩子的行为应对等。我认为这些都没有考虑到家庭成员的性格特质，这些安排过于机械化、教条化，甚至背离了我们指导的初衷和职业操守。

它带给我们普通家庭的启示是：家庭生活中永远需要这种爱的"仪式"。就像我经常在课堂上拿小王子与玫瑰花举例的那样，哪怕夫妻异地、孩子留守，作为家长我们无法做到经常的陪伴，但是你只要干一件事——约定，就能让效果翻倍。比如约定每天晚上 8：00，爸爸会跟孩子打视频，于是从早晨睡醒到晚上 7：59 的那一刻，孩子的等待都被赋予了甜蜜、向往和期待，而不是漫无目的、百无聊赖。

当然，各位不必拘泥于我所提供的形式。还是那句话，没有人比你自己更了解你的家庭，你才是你自己家庭的主人，只要你有心，完全可以创造出让家人彼此都舒适的仪式感。

八、结束语

家庭教育指导师简短表达对这个家庭关系的期望与祝福。

第四节 三种冲突场景 一种干预对策

前文我们已经论证过，如果青春期以前的孩子身上出现问题，多表现在学习、行为和情绪三个方面。而认可了这个大前提，我们也就基本锁定了家庭教育指导的范围。按照"铁三角"理论模型，孩子如果出现行为问题，一定是该模型某条边出现问题导致的。具体可以分为两种情况，一种属于非极端型，即在这个家庭里，家长对孩子有"爱"做保护底色，但是不得其法，在榜样、边界的某一边甚至双边都有缺陷或不足，这种类型是中国式家长的典型代表。另一种则属于极端情况，它具体也可以分为两种类型，一是只有榜样力量的示范，在孩子面前，家长更多的是展示自己在各方面的成熟优秀，可以称之为情感理智型家长；二是只有边界感，家长把孩子当作负担甚至累赘，可以称之为疏离型家长。可以明确的是，极端情况下的这两种类型的家庭，亲子沟通指导中首先要解决的一定都是"爱"的保护底色的问题。

下面我将通过对十个具体案例的描述，剖析如何用"铁三角"理论模型"把脉"家庭教育的"病灶"，找到指导的"切入点"，用最简单的方式直面问题、解决问题，用"铁三角"理论模型的三条边的排列组合搭配出合适的指导方案。

一、非极端型家庭：爱不得法的家长

在众多非极端型家庭案例中，我们通常发现父母对孩子的爱是毋庸置疑的，然而很多家长对于爱孩子的方式似乎总不得要领。这就是爱的方法出现了问题，其中，以下三种类型的父母比较普遍。

1. 控制型父母

这种父母拥有全部权利，孩子必须唯命是从。

这种父母在日常生活中的行为表现通常是：用简短的语言下达命令、指挥孩子，例如不断地说"可以"或者"不行"，而不是通过引导的方式让孩子学会如何去做；往往会追究孩子的责任或过错，并施以惩罚，企图让孩子记住教训；总是自己说了算，还通过各种方式惩罚孩子，对孩子身心造成伤害，有时也会觉得孩子委屈，因此内心充满愧疚。

□ 2. 娇纵型父母

这种父母完全以孩子的喜好为中心，没有建立一定的行为规范，让孩子拥有所有的权利。它通常一方面表现为对孩子表面需求的过度满足，另一方面表现为对孩子身心的过度保护。

这种父母在日常生活中的行为表现通常是：把大量的精力放在孩子身上，不管孩子出现什么问题，都觉得是自己做得不够好，心里十分难过和愧疚；过分保护孩子，对孩子的学习能力缺乏信任；当孩子将事情搞砸时，不是教孩子如何去做好，而是将孩子保护起来，自己去包揽这些事情。

娇纵型父母会让孩子失去很多学习和进步的机会，导致孩子的成长停滞不前。

对孩子的娇纵多半是因为家长在自身成长中某方面遭遇过挫折或有所缺失，于是想要将其补偿在孩子身上——孩子如同另一个重生的自己，代替自己去弥补遗憾；这时家长对孩子的宠溺其实被潜意识的愿望所支配，带着非理性的冲动。

那么，如何避免对孩子的这种无原则底线的娇纵呢？可以说，真正的爱是出自孩子的需求，娇纵的溺爱则多半出自家长的需要。从这个意义上说，控制和娇纵其实在根源上是一致的，即都来自家长的需要而非孩子的需求。

□ 3. 摇摆型父母

这种父母在控制型和娇纵型之间摇摆不定，缺乏稳定性。而这种类型的父母在中国有很多。

这样的父母通常认为孩子不管教不行，然后就十分严厉地对其进行管教，但在一系列强制和惩罚之后，他们的内心充满了愧疚，觉得对不起孩子，于是又对孩子百般娇纵和讨好，等问题出现后，又觉得这样不行，于是再开始控制。这样反反复复只会让孩子无所适从，对孩子的性格和成长都十分不利。家长也会变得越来越焦虑，越来越愧疚。

吊诡的是，控制和娇纵还经常在同一个家庭出现：因为爱得越多，付出得越多，便产生了自认为拥有控制对方的权力错觉。问题是：父母的这种过度付出，是谁要求的？孩子向你索取了吗？如果孩子没有，家长凭什么要用自己的付出作为控制对方的要挟？

在和孩子相处时，家长更是普遍反映很难区分哪些是以爱之名的控制，哪些是真正对孩子好的帮助。家长很容易把放下控制和不管不问等同，因为在现实生活中，家长很难辨明它们之间的界限，也很难平衡它们之间的关系。

究竟如何辨别、如何平衡？其实也很简单，在下述案例中你会发现我们的解决之道——要么从"榜样"，要么从"边界"中去对照反思家长自己的日常行为操守；实在不行，那便"双管齐下"。

案例1

被爷爷奶奶宠溺的小樊

【家庭背景情况素描】

小樊，男，7岁。家里有五口人，爷爷奶奶和他们一家三口一起生活。小樊的父母做生意，比较忙，经常要到外地出差，照顾孩子的任务自然落在爷爷奶奶身上。小樊在家里备受宠爱，他想要什么爷爷奶奶总会满足他，如果做错了事，奶奶常常以"孩子小，不懂事，等他长大了自然会知道的"等言语庇护，甚至有时见孙子作业来不及写还会主动帮忙写。

【孩子行为问题聚焦】

平时在学校不爱劳动，集体观念比较薄弱。上课时经常做小动作，积极举手发言的情况极少，写作业拖拉，平时在班中常欺负同学，爱用武力解决问题，屡教不改。老师一批评他，他就会狠狠地瞪老师，抵触情绪强烈……

案例2

"唯我独尊"的丁丁

【家庭背景情况素描】

丁丁，男，8岁。他从小和爷爷奶奶一起生活，爷爷奶奶十分宠溺他。在丁丁7岁时，爸爸妈妈考虑到爷爷奶奶的身体状况，把他从老家接回身边，重新读二年级。丁丁的父亲是工人，每天早晨7点上班，晚上7点下班；如果是夜班，就要从晚上7点上到早晨7点。为了多挣一些钱，他还利用下早班的时间在路边摆地摊，以至于几乎没有时间管教孩子。在家庭教养上，丁丁的爸爸始终认为孩子的成长要顺其自然，给他吃饱穿暖就够了，不需要家长的指导。丁丁的妈妈对丁丁则是疼爱有加，舍不得打骂。丁丁每天的家庭作业都是她来负责检查，但因妈妈不识字，每次她只是随口一问："丁丁，今天的作业完成了吗？""完成了。"丁丁的回答始终是这三个字。然后妈妈就选择完全信任他，不再追问。

【孩子行为问题聚焦】

由于转校过来的丁丁选择的是重读二年级，所以有可能某些知识他已学过，对现在的学习不是很感兴趣，厌恶写作业，也很少完成家庭作业，老师的话他似懂非懂，甚至是爱搭不理。再加上不太会讲普通话的丁丁（有时不流利的普通话中还带有脏话）经常受到同学的嘲笑，也造成了同学关系的不和，他选择用打骂的方式对付嘲笑他的同学。他在学校也不合群，甚至向老师提出他只愿意一个人坐一桌。此外，他还会将其他同学的学习用品占为己有，在家也有偷零用钱的坏习惯。也许是他年纪稍长于其他同学的缘故，他总认为自己是"大侠"。在他看来父母就是自己的保护神，无论他做错了什么，父母都不会责怪他。感觉被老师同学埋怨太多时，他就申请换班级。而刚刚调换了班级的丁丁，在班内依然是"唯我独尊"。

案例3

"缺爱"的小魏

【家庭背景情况素描】

小魏，男，12岁。小魏刚上初一，家里还有一个正在读高中的姐姐和一个正在读小学的妹妹。父亲在外做生意经常不着家，母亲是家庭主妇，文化程度较低，主要负责照顾家中的三个孩子。

父母两人的性格都比较急躁，且存在一定的暴力行为。母亲对父亲经常不回家、不顾家感到失望，时常将对丈夫的不满情绪发泄到孩子身上。母亲对乖巧、成绩好的孩子的偏爱溢于言表，经常将三个孩子对比，对姐姐和小魏大声训斥、打骂，致使小魏时常感觉母亲可能不爱自己。而父亲很少回家，即使回家也会因为孩子不听话对他们非打即骂。因此，遇到问题时，小魏觉得奶奶是他的"避风港"，经常逃到奶奶家，而奶奶对小魏确实比较偏袒、放纵，在思想观念上也有点重男轻女。婆媳间关系不是很融洽，两代人在教育观上也有很多冲突。

【孩子行为问题聚焦】

　　小魏性格活泼，爱笑开朗，比较讲义气，但不愿和父母交流，且自我约束力不强，课堂上常开小差，基础较差，作业总是不完成，学习成绩也不理想，有些厌学情绪，在学校还经常打架斗殴，甚至认为暴力可以解决一切问题。小魏也非常爱玩手游。

案例4

崇尚"暴力"的喜宝

【家庭背景情况素描】

　　喜宝，男，4岁。他聪明，反应快，思维能力强，对于有兴趣的事情能专注地完成。喜宝的兴趣爱好包括看电视、看绘本，尤其喜欢奥特曼和漫威英雄这样带有一点暴力倾向的动画片。喜宝父母的文化水平都不高，但对孩子有很高的期待：喜宝每天被安排很长时间的学习；妈妈非常严苛，要求他做的每件事情要和她想象的一模一样，不能有丝毫差池，并经常拿出棍子，威胁孩子；尤其喜宝在画画的时候，妈妈要求他临摹，并且要他画得一模一样，其间数度大发雷霆，严厉批评。有时妈妈会开启唠叨模式，用孩子听不懂的语言大讲道理。年幼的喜宝一直在压抑和充满批评的环境中成长。

【孩子行为问题聚焦】

在学校经常出现暴力行为，喜欢和同学动手动脚，打过很多同学。在家里也喜欢打人，顺着他的意思做，就没事；不顺着他的意思就瞬间爆发，产生暴力行为。家里所有大人都被他打过。

案例5

"捣乱"的小乘

【家庭背景情况素描】

小乘，男，12岁，独生子。小乘现在上七年级，喜欢玩电脑游戏，也爱画画。他从断奶起便一直由奶奶照看，在老家没上过幼儿园。6岁时家长把他接到身边后直接就读一年级。刚开始，妈妈认为孩子小且刚接触新环境，依赖性强是应该的，所以对其比较宠溺。到了五六年级，妈妈开始对儿子严格要求，经常会使用打骂的方式，但结果不尽如人意。小乘的妈妈是初中文化，在超市做收银员。小乘的爸爸也是初中文化，为个体老板，平时应酬较多，很少在家，更没多少时间教育孩子，但对儿子的期望值很高，经常会因为孩子成绩不理想而动手打骂孩子，希望他能出人头地；并在物质上倾其所有，专门为儿子配备了电脑，买了大量学习资料。

【孩子行为问题聚焦】

小乘开学第二天就和同学起冲突，起因是同桌起身时不小心打翻了他的杯子，水洒到了他的身上。小乘与同学为此发生口角，一怒之下将同桌的所有东西都扔到地上。班主任找他了解情况，他不做辩解。之后，他也经常为了一些琐碎小事与同学发生争执，还爱欺负比他弱小的同学。同学很难与其沟通。在放学回家的路上，小乘经常取笑班上一位患小儿麻痹症、说话口齿不清的女同学，欺负她、学她说话。在学习上，小乘缺乏自主性，作业不能认真完成，上课经常捣乱，成绩也较差。行为上，小乘在学校里散漫、无纪律性；在生活上，小乘缺乏独立性。

运用"铁三角"模型指导的要点

父母以打骂的方式教导孩子不要欺负、打骂同学,这真是一个显而易见的悖论,说到底就是家长在日常生活中缺失了榜样示范。而一个习惯性打架斗殴、脾气暴躁的孩子势必有一位性格急躁、崇尚暴力、情绪不稳定的家长,这也提醒我们,家长的榜样力量应该发挥更重要的效用。

孩子学习上缺乏自主性、散漫等通常是由于家长在此过程中控制、管束得太多,没有让孩子养成对自己的学习和成长负责的态度,是家长"要我学"而非"我要学",学习的动机完全依赖家长的外在高压干预,长此以往终将两败俱伤,甚至影响亲子间的关系。这便是家长未厘清"边界",总想替代孩子为他的学习结果负责惹的祸;孩子生活上缺乏独立性则通常是由于家长代劳得太多,没有给予孩子试误的机会,令孩子的现实感弱,面对很多问题不知所措,索性选择逃离,究其根本,仍是家长"越界"了,没能让孩子成为自己生活的主人。

二、关于情感理智型家长

这种类型的家长主要做好了"榜样"这方面的示范,父母把重心全部放在工作上,为孩子提供了充足的金钱和物质,却根本没有时间参与孩子的教育,因此孩子基本上都属于自我成长类型。这种类型的家长认为只要给孩子提供了较好的学校教育,学校就可以对其进行监督管理,孩子遗传了自己的优良基因或者见证了自己在事业上为他树立的榜样示范也可以做到自律、自我激励,因而自己完全可以理智"放手"。

案例6

"黏着"妈妈的小智

【家庭背景情况素描】

小智,男,3岁。小智的日常生活起居主要由妈妈负责照料,爸爸在一家上市公司工作,是公司的核心骨干管理层,每天工作繁忙,在家中的大部分时间与孩子的作息完全错开。对孩子的教育,用他自己的话说是"佛系""顺其自然就好""大一点上学了自然就会纠正过来"。 无论是睡觉、看电视、做饭……小智都喜欢黏着妈妈，妈妈一刻也不能脱开身来。只要妈妈准备出门，小智就会耍赖纠缠、哭闹不止，几乎每天妈妈出门上班都要上演一场"生离死别"。想到9月小智就要上幼儿园了，妈妈异常焦虑。

【孩子行为问题聚焦】

在家里，小智总是在妈妈的视线范围内活动，即使玩玩具，也要不停地叫正在操持家务的妈妈。如果妈妈偶尔没有回应他，他会一直叫，或直接跑到妈妈那里去拉她的衣袖。小智不论做什么都会边做边问妈妈"是这样吗""可以吗"等。妈妈在做事的时候也会关注小智，经常提醒小智需要注意的事项。

家庭生活情景再现：妈妈要下楼去扔垃圾，小智看见妈妈向大门走去，就跑过来拉着妈妈。妈妈说："你去找爸爸，我扔了垃圾就回来。"小智拉着妈妈的衣服不放手，还大声喊起来。这时，爸爸从房间走出来，小智仍然不放开妈妈。

运用"铁三角"模型指导的要点

孩子过于黏着某一方（妈妈）而无视另一方（爸爸）的存在，是为了寻求妈妈对自己的关注和爱护。所以切入点在"铁三角"理论模型的"爱"那一边，如果爸爸可以参与孩子日常琐碎的生活，对孩子多一些耐心和亲力亲为，那么孩子也不至于完全与妈妈"绑"在一起。

三、关于疏离型家长

这种类型的家长对孩子只有边界上的疏离感，直白地讲，他们就是"只生不养"的家长。这种情况多发生在离异、留守儿童甚至个别收养型的家庭中。疏离型家长通常对孩子没有爱，也没有任何期许，口头禅是"只要别给我惹麻烦就好"，把孩子当作负担甚至累赘。

案例7

离异单亲家庭　孩子交给外祖父管教

【家庭背景情况素描】

小由，男，11岁。父亲是服装个体户，母亲是服装公司营业员。他们在小由小时候就离异了，小由随母亲生活。母亲缺少时间管教孩子，对孩子的期望值却较高，且耐心程度不够，看到孩子作业出错、成绩不理想，便经常发火训斥或打骂。平时小由基本交给外祖父母管教，外婆身体也不大好，他们对孩子的照料主要在于日常饮食起居。此外，由于孩子母亲基本不回家，家里住房空间并不宽裕，外祖父母对此颇有不满；认为只要他不出事就行了（有一次教师家访时，竟然发现其外祖父母在打麻将，孩子不知去向，他们也不闻不问）。外祖父母还经常把对女儿女婿的不满发泄在孩子身上；而小由的祖父母及父亲，也很少接他过去玩，即使接过去，也主要是满足孩子的物质要求，同时总是在孩子面前数落亲家对孩子照顾不周。

【孩子行为问题聚焦】

小由特别喜欢管别人的事情，智力、想象力一般，做事无持续性，自我约束力不强，下课说话比较大胆，课堂上却常开小差，基础较差，学习成绩不理想；作业字迹潦草，不完成作业或作业随便糊弄的现象严重。如果对其进行说服教育、表扬鼓励，奏效的持续性时间也很短。同时孩子有说谎的习惯。

运用"铁三角"模型指导的要点

"特别喜欢管别人的事情"是一个重要的信号，最有可能的是"管别人的事情"能够让他获得一种满足感，这可能是因为情绪上的自卑、渴望得到关注、寻求认同感等。尤其在这个家庭里父母离异、工作太忙等，让孩子缺失爱，所以才会去管一些别人的事情，以此来获得老师的夸奖和家人的认可。

案例8

离异再婚家庭

【家庭背景情况素描】

小辉，男，10岁，父母离异。小辉的父母生了小辉和一对双胞胎弟弟，母亲在他5岁时与其父离婚，离婚后带着小辉和一个双胞胎弟弟回到桂林老家。小辉6岁上学前，其父将他接回身边抚养，此时其父已再婚，继母带来了比小辉大的哥哥、姐姐。小辉和弟弟主要由奶奶负责照顾日常的饮食起居。父亲的管教方式简单粗暴，有问题时多用暴力解决。小辉在关键时期反复变换自己的生活环境，离开了自己熟悉的环境，又没有得到爸爸及时的关注和爱护，变得敏感焦躁，时刻想回到妈妈身边。

【孩子行为问题聚焦】

小辉在家里不大说话，有要求也不说；学习很不自觉，家庭作业经常完不成。他在学校也经常和同学打架，还经常逃课。有时上课时不进教室，一个人在操场上溜达。小辉天天吵着不想上学，要回桂林跟妈妈一起。父亲的暴力行为导致小辉也常使用暴力，他不懂如何和老师、同学相处，犯了错误又担心爸爸知道了会打他，只能采用逃课的方式来回避，平时也想得到老师的关注。

案例9

收养型家庭

【家庭背景情况素描】

小静，女，9岁。她是这个家庭收养的孩子，其父母在收养她后不久生了自己的儿子。

【题外音】

这个案子的指导师是当时负责该片区的妇保工作人员，所以准确来说，这个案子不是她"接来的"，而是小静自己"找上门"的，自然也就没有家长诉求。当她为了搜集家庭基本背景情况做家访时，父母的诉求回应是"只要别给我们惹麻烦就好，对孩子没有别的要求"。

【孩子行为问题聚焦】

小静在学校经常撒谎，作业总是完不成，学习成绩也很差。她在家喜欢偷钱，还会时常深夜在马路边上随便拦辆车去奶奶家，因为据她说奶奶还比较疼爱她。只要小静的不良行为被发现，无论是学校老师反馈给家长的，还是家长自己发现的，家长的处理方式就是暴打孩子一顿。而且家长的暴力行为很严重，邻居曾为此报警，但无法根本解决，家长还是照打不误。

案例10

留守儿童型家庭

【家庭背景情况素描】

小由,女,13岁,住农村,家里还有几个弟弟妹妹,自己在家排行老大。小由的语文和英语成绩好,数学成绩较差,偏科严重,不喜欢上数学课。她性格开朗乐观,除了数学课,其他课程上都能自信满满地举手发言。父母忙于赚钱,天天在外工作,闲暇时间赌博,家里孩子主要是爷爷奶奶带。父母偶尔过问一下成绩,不好的话就是一顿打骂。

【孩子行为问题聚焦】

小由习惯性逃避、说谎。有一次,老师讲解数学试卷,她说试卷找不到了。老师让她仔细整理了一遍书包、课桌,孩子找了很久,依然不见试卷的影子。这时老师见她的衣袋鼓鼓的,就叫她把里面的东西拿出来,一看竟然是她所说的"丢失"的数学试卷。

需要做些背景补充的是,无论是心理咨询师还是家庭教育指导师在接诊时,都要遵循咨询自愿的首要原则。那些完全视孩子为负担、养而不教的家长,自然不会主动去求助。但由于我们的家庭教育指导师要么是当地妇联或妇委会的干部,要么是孩子所在学校的任课教师或班主任,具有身份上的双重属性,才获得并搜集了大量关于孩子行为问题的一手信息资料。更为关键的是,他们对这些孩子抱有的怜悯之心,使他们实在无法对此视而不见。但我不得不残忍强调的是,家庭教育指导师能做的事情微乎其微,他们只能利用自己另一层的职业身份——比如妇联干部、教师来给予强制干预,或者提供一个温情的"底线"港湾。以上几个特殊家庭中孩子的行为问题无疑有很多方面的共性,这是缺失了"爱"的底色家庭无法逃避的问题,因为他们是已经被家庭完全遗忘甚至抛弃了的孤独个体。

总而言之,虽然家庭教育问题的行为原因各自不同,但解决策略基本逃不脱几个基本方案,一个好的家庭教育指导师的高明之处就在于能将若干指导方案进行恰当的排列组合。家庭教育指导师与西医的临床治疗有异曲同工之妙——西药的功能一般是固定附着的,因此,医生一旦确定某个方面的病灶,相应的用药和治疗程序也就基本确定了,医生所做的更多的是对不同类型药品的排列组合，侧重排列组合的方式与"下药"缓急的不同。而只要涉及具体的可操作的指导方案，那就意味着有规律可循。基于此，面对纷繁复杂、成千上万的家庭教育问题个案，我们认为是存在一个能帮助家庭教育指导师直达问题、化解问题且易于操作的路径方法的。

当然，"铁三角"理论模型并不能解决孩子成长过程中的所有问题，准确地说，它更适合孩子在12岁以下的家庭。而如果12岁以上的孩子出现了不符合这个年龄段孩子的教养问题，那么它可能意味着本该这个年龄段解决的问题被延续，而时间越久就越有其他心理问题的累积，影响因素会更复杂。这也告诉我们，孩子的教养问题不可拖延，虽然可以事后补救，但是难度会更大，因为要面对的复杂因素更多。举个例子，不写家庭作业的情况如果是发生在小学低年级的孩子身上，大多可以归因于以下四个方面：第一，获取家长的关注——放下你手中的事来陪陪我嘛；第二，显示权力，告诉你"哼哼，你制服不了我，我就不写，看你拿我怎么办"；第三，寻求报复——你觉得我的成绩比我更重要，这让我很伤心，所以我也要让你伤心；第四，表示自己无能为力的感觉——我真的不会。但是这种情况如果发生在学习习惯已经基本定型的初中生身上，其背后可能有厌学情绪、对某位教师的抵触、青春期叛逆甚至更为复杂的因素。

正是基于这些考虑，我认为"铁三角"理论模型是评估一个家庭的教育是否健康的核心标准，它可以帮助家庭教育指导师在第一时间精准地诊断家庭教育问题发生的根源并对症下药。总之，"铁三角"理论模型是评估一个家庭教养环境是否健康的充分必要条件，也是家庭教育指导师进行精准诊断和对症下药时的"抓手"。

最后，我将西方亲子沟通工具与自己的"铁三角"理论模型再做一个概括性的对比说明。

我认为，西方亲子沟通工具最大的特点在于对冲突的解决是以问题为导向（problem-focused）的。具体做法是将自己视为专家，方案聚焦于寻找孩子不当行为的表现与原因所在，深入探讨每个孩子固有的问题形态，并且追溯问题的成因和过去的一切。这有相当程度的合理性。"铁三角"理论模型的建构更大程度上是受到后现代建构主义思潮的影响，是以解决为导向（solution-focused）的，并认为每个家庭自己就是自身问题解决的专家，在指导过程中把关注点聚焦于改变何以发生以及发生的可能性、小改变的所在，方案聚焦于探讨问题不发生时的状况。

我有一个前提预设条件，即整个家庭的动力系统是平衡的。就像前面我们画的太极阴阳图一样，假设系统中有"黑"（发生问题的互动）有"白"（问题不发生时的互动），这时候，西方亲子沟通的工具是传统的"头疼医头"的做法,即既然"黑"有问题,就从"黑"的部分修正;而我的做法却是从"白"的部分扩展,因为一旦"白"的部分扩大一些,"黑"的部分就减少一些,随着"白"的部分逐渐增加、扩张,整个系统的改变就发生了。

而这才是我对中国传统文化中整体系统思维观的理解,这也是我觉得"铁三角"理论模型一定能超越市场上现有的西方亲子沟通工具的价值所在——"铁三角"理论模型是对我们中国式现代化家庭教育基本规律的解读。

结　　语

2023年5月30日，最高人民法院、全国妇联发布《关于开展家庭教育指导工作的意见》。这是《家庭教育促进法》首次在我国家庭教育领域进行专门立法之后，第一个对其进行全面贯彻和落实的指导性文件，它宣告了我们正式进入"依法带娃"时代：家庭教育不再只是家庭"关起门"来谈的私事，也是国家和政府需要纳入专门规划的公事，是需要列入政府公共服务体系进行通盘考虑的工作任务之一。

实际上，该法的施行不过是多年以来全社会对家庭教育愈发重视的自然结果。2015年以来，习近平总书记从兴国安邦、确保党和国家事业后继有人的全局战略高度出发，多次在不同重要场合反复强调"注重家庭、注重家教、注重家风"。这些重要论述为我们推进家庭工作指明了方向、提供了重要的遵循标准，也对加快家庭教育立法提出了更为紧迫的要求。与此相应的是，虽然当时在国家层面尚未出台专门的家庭教育法律，一些地区的家庭教育方面的地方性法规却在先行先试的过程中。2016年5月颁布的《重庆市家庭教育促进条例》是全国首部家庭教育地方条例；贵州、山西、江西、江苏等地紧随其后；河北、福建、安徽、湖北等地也将家庭教育立法列入当地人大立法规划。毋庸置疑，这些地方立法都为后来国家层面的家庭教育立法提供了实践基础。我国台湾地区更是早在2003年2月就颁布实施了《家庭教育法》，并于2004年公布相关施行细则。

无独有偶，西方发达国家也普遍把促进家庭教育健康发展当作政府的责任和义务，美国、德国等国通过制定相关法律或成立"家庭问题委员会"等形式，建立了完备的家庭教育体系。如果父母被指控对孩子"严重忽视"，则等同于虐待罪，将受到法律的严惩。

然而，与国家和地方政策环境的普遍支持形成鲜明对比的是，国内家庭教育指导的市场相当混乱。近些年，海外市场瞄准了中国家庭教育市场这块"蛋糕"，纷纷进驻，中国本土化的家长课堂及家庭教育指导师等相关资质培训机构也异军突起，进行着规范化管理的转型升级，但前路依然漫漫。

先谈海外的家庭教育沟通工具。20世纪中叶，人本主义思潮对整个家庭教育领域的冲击和里程碑式的转捩作用是不容忽视的，它开辟了长期以来父母对孩子严厉（过度控制）和娇纵（没有限制）这两种极端互动方式之外的第三条路径——"不娇纵也不惩罚"的新方式，同时奠定了《父母效能训练》《正面管教》等工具的共同理论基础。它无疑是几个世纪以来"非黑即白"粗暴处理亲子沟通方式下的一股"清流"。问题是，海外的诸如"非暴力沟通""正面管教"等在中国市场还没拿到代理权，因此通常学习费用较高昂。

如果将每年大小不一的各式工作坊、讲师坊、父母课堂等的时间成本及训练成本纳入考虑范畴，人们会质疑：家长真的要花费这么多时间精力在如此繁复的沟通技巧的学习上吗？这些工具的适用范围真如宣传的那样无国界无民族之分吗？我们自己传统的家教文化比如孝文化、君子文化等难道没有可以承袭的地方吗？更为重要的是，每一套实训工具实际上都有西方家庭深厚的信仰文化做基础，但中国家庭严格意义上来说是缺乏这种信仰的。这些在西方"灵验"的工具，在中国的文化土壤上是否会"水土不服"呢？典型的一点，比如工具中都重点强调的"家庭会议技巧"，如果遭遇中国传统文化中父亲私密性、情感性角色难以介入的情况，又当如何操作实施呢？

再看中国本土的家庭教育市场，各种机构如雨后春笋般出现与心理咨询师"考证"交相辉映的"表面繁荣"背后，个别投机分子无资质、"挂羊头卖狗肉"、无底线的"圈钱"和敛财，甚至形成一条隐形的利益产业链。它的运作机理是：打着帮助家长克服育儿焦虑的"旗帜"，那些贩卖、精心包装各种"焦虑"的营销者不断拔高家庭教育的所谓"专业化""门槛"，让普通家长要么相信"专业的事应该交给专业的人去做"，要么拿出专门的时间、金钱和精力投入系统的与家庭教育相关的知识的学习中。这便让家长陷入了一个无限循环的"怪圈"，本来并不复杂的育儿方法"摇身一变"被包装成"高大上"的领域、动辄上万的投资。

由是，笔者不禁感叹：中国家庭父母尤为艰难。他们不仅要平衡自己的职业与家庭角色的关系，还要在家庭内部处理诸如多子之间的纠纷问题、老人隔代抚育的矛盾、赡养父母与养育子女在精力上如何平衡等问题。而这一切，如果求助国外的亲子沟通工具，将面临巨额的经济费用和长期的时间成本投入；不仅如此，还将面临或许并不适应自己家庭真实情况的风险。而如果求助国内市场，又会颓然发现作为一门半路才"升格"的"家庭教育学"专业，它无论是在理论还是在实践上，专业性都并不够成熟，甚至远不及心理咨询/治疗领域的发展，而且风险巨大，一不小心就掉到"花式"陷阱中。

以上，便是我写作这本书的初衷——主要是源于胸中始终秉持的那份正义感，我想为当今社会被市场过度粉饰的家庭教育咨询的"高大上""祛魅"！

需要承认的事实是，伴随着转型期社会经济的发展，家庭教育中的新问题和新情况确实层出不穷，它们需要被看见并被正视。这包括：家长"重知轻德"，过度娇惯、保护、放任，忽视对孩子良好个性品质和行为习惯的培养，青少年违法犯罪案件呈上升趋势，且向低龄化发展；不少家长缺乏教育子女的经验，特别是在引导孩子的心理健康发展上没有良好的办法；随着"三孩"政策的放开、老龄化社会的到来，老人的赡养问题日益突出，除了对独生子女的家庭教育，还有留守儿童、农村贫困儿童、单亲儿童、家庭重组儿童等特殊家庭儿童的家庭教育的缺失，等等。

面对这些纷繁复杂的亲子沟通问题，有没有一个简单的易于操作的模型帮助家长以及那些想在家庭教育指导领域从业的新手"小白"直达问题、化解问题？我的答案是肯定的。更直接一点，即便在此书付梓之际，我仍然可以自信地说：从一个仅限于解决自身家庭冲突矛盾的实践者角度而言，教育孩子确实不需要进行专门系统的学习！

原因在于以下几点。第一，没有什么可学的。相较于对繁复的"形而下"技巧的刻意练习，家庭教育更需要关注的是弥漫在整个家庭中爱的自然流动，需要尊重的是每个家庭自我修复的机制，而任何一个能够组建家庭、孕育生命的个体本就具备这样的基础。第二，不客气地说，即使去学，你可能也学不会。我们不得不面对的现实是，大多数人只会学习自己喜欢的东西、强化原有信念，已有知识会排斥一切与其不能形成共振的观念，人们是不会轻易放弃自己的观念和信仰的，而那些风靡的工作坊，究其本质，也不过是通过重复与强化练习达到对抗"惯习"的目的。第三，没有学习的必要。因为你不搞学术研究，（除非兴趣驱使）你也不需要成为家庭教育领域的专家，而且不去专门学习这方面知识还有一个不可抵抗的好处，即不会对孩子有不切实际的期待。那些不断纠结埃里克森或皮亚杰对于孩子不同年龄阶段身心发展、社会性发展理论描述的家长，实际上反而是在释放一个极其危险的信号，即你并不满意你目前为人父母的状态。而如果你是带着自责愧疚、恐惧焦虑来养育孩子，那么，你与子女间的平等关系是很难维系的，这种愧疚或恐惧的情绪也将直接影响孩子。

生活本已不易，教育子女本是在享受天伦之乐。家长们为何要在此过程中负重而行？"纳己"在任何时刻都是首要的。我想这正是本书的特色之一：作为一本家庭教育指导用书，我的方式不是指导，也不是以居高临下的所谓"专家"的口吻告诫家长应该如何做,更不是以制造焦虑的方式达到"骂醒"家长的目的;我看得到多数父母为家庭所做出的牺牲和奉献,感受得到他们的诸多无奈和无力,所以我始终都处于与父母共情的状态,希望帮助每一位家长在"纳己"的前提下,发现存在于自己家庭的修复模式,发现本就篆刻于基因的家风传承,发现祖辈传统文化中本已存在却被岁月磨蚀的"至简"大道。所以,我在这本书中所做的所有努力,不过是帮助家长觉察。觉察以后,在自己的舒适区进行一些行为上的微调,就是你这个家庭最美好也最该有的样子。一个好的家庭教育指导师的高明之处也在于懂得如何在尊重每个家庭个体差异的前提下,帮助这个家庭触发自我修复机制、实现自我导向式的引导。

于是乎,在上千个家庭教育指导督导案例的基础上,我找到了这样一条几乎能解决所有家庭教育问题的共性规律和解释路径——"铁三角"理论模型。当然,需要特别提醒各位的是,书中尽管提供了相当多的案例,但其作用仅在于参考,而不能生搬硬套;因为没有所谓的"成功模式"可以复刻,案例只是提供了一些经验,而任何经验都具有一定程度的局限性。

"铁三角"理论模型不仅可以分析历史上名人传记中家庭教育成功的个案(没有系统学习任何"养育问题"的家长和家庭——"草根派"),还可以解释《父母效能训练》《正面管教》等工具的策略方法(所谓现代的科学育儿——权且称为"学院派")。

"铁三角"理论模型的三条边对一个家庭的教育指导来说是充分必要条件,即非它不行,有它就够。

此外,既然要"祛魅",我还有一个突破传统的大胆想法——要让学术语言平民化!

这个想法从十多年前我刚读博士那会儿就有所考量。那时我深受姬十三所创办的科学松鼠会的影响,还记得松鼠会有一段开宗明义的自我介绍:"我们认为,对于大部分人来说,科学就像一枚枚难以开启的坚果,虽味美却不易入口。我们希望自己能够像松鼠一样,打开科学的坚硬外壳,将有营养的果仁剥出来,让人们能够领略到科学的美妙,让科学流行起来。"[1]这段介绍令我雀跃不已,因为我认为文字活泼好读又不失专业性正是科普人应该秉持的宗旨。

同时,我也认为作为一个深耕于祖国大地的学者,有一部分的使命或者说存活空间正在于把平民阶层或者说草根阶层质朴的言语编码收进精致的语言系统,把学术语言编排为政策决策者都能理解的语言。正是基于此,这本书在架

---

[1] 剥开科学的坚果领略科学之美妙 [N]. 中国环境报第 2011-11-14(4).

构上虽然遵循了学术性著作从文献综述到理论基础再到实践操作的原则,在语言写作上仍然沿袭了我本人一贯平实朴素的文风。这可谓本书的另一大特色。

此书介绍的是一个具有普遍性的中国式现代化家庭教育的基本规律,尤其有助于 12 岁以内孩子抚养中家庭冲突的解决(这个阶段孩子的问题往往是家长问题的投射;而原本教育孩子或者说家庭教育发挥作用的最佳时期也是孩子 12 岁以前);而对于超过这个年龄的孩子尤其是经年累积已经造成了严重心理创伤的家庭,"铁三角"理论模型可能会显得力不从心,需要配套专门的针对家庭成员个体的心理咨询或心理治疗方案同步进行。这些并不在本书所讨论的范围内。书成而局限性即成,这是本书不可避免的局限性。

至此,"万事俱备,只欠东风"。2020 年 8 月,我申报了江西省高校人文社会科学研究项目,题目就是"超越西方亲子沟通的实用工具:中国家庭教育指导理论模型的构建",希冀通过这个课题的申报与完成,全面阐述我对家庭教育"铁三角"理论模型的构建。当然,更为重要的是,它是对我这些年来家庭教育督导工作的一个交代,我希望通过这种方式为这些年的研究与实践画上一个圆满的句号。

为什么是句号?通常来讲,没有研究者愿意将自己的成果定位于终点,大家都愿意将它作为一个新的起点。坦率来讲,我对自己有清晰的认识,毕竟我的研究专长并非专门的家庭教育方向,从根源而言,家庭教育不过是我研究道路上一段美丽的插曲,术业有专攻,而我只将它清晰地限定于一般家庭教育问题的指导与咨询。

我深谙如果想让自己更加专业,可能需要往特殊教育或者更为专业的心理治疗方面发展。这于我而言,是另一条尚未展开的探究之路。

道阻且长,行则将至;行而不辍,未来可期。

借以自勉,是为结语。

参考文献

[1] 唐君毅. 文化意识与道德理性（一）[M]. 桂林：广西师范大学出版社，2005.

[2] 瞿同祖. 中国法律与中国社会[M]. 北京：商务印书馆，2017.

[3] 宇培峰. "家长权"研究[D]. 北京：中国政法大学，2011.

[4] 王爱军. 罗马法中的亲子关系与古代中国法亲子关系之比较[J]. 济宁学院学报，2009，30（1）：88-91.

[5] 梁海明. 颜氏家训[M]. 太原：山西古籍出版社，1999.

[6] 鲁迅. 拿来主义[M]. 成都：四川人民出版社，2017.

[7] 叶光辉，杨国枢. 中国人的孝道：心理学的分析[M]. 重庆：重庆大学出版社，2009.

[8] 高汉成.《大清新刑律》立法资料汇编[M]. 北京：社会科学文献出版社，2013.

[9] [美]托马斯·戈登. 父母效能训练[M]. 琼林，译. 北京：中国发展出版社，2015.

[10] [美]简·尼尔森. 正面管教[M]. 玉冰，译. 北京：京华出版社，2009.

[11] [美]阿黛尔·法伯和伊莱恩·玛兹丽施. 如何说孩子才会听 怎么听孩子才肯说[M]. 安燕玲，译. 北京：中央编译出版社，2007.

[12] 李燕. 亲子关系的教育哲学分析[D]. 苏州：苏州大学，2005.

[13] 单中惠，杨汉麟. 西方教育学名著提要[M]. 南昌：江西人民出版社，2000.

[14] [美]S·E·佛罗斯特. 西方教育的历史和哲学基础[M]. 吴元训，等译. 北京：华夏出版社，1987.

[15] 杨汉麟，周采. 外国幼儿教育史[M]. 南宁：广西教育出版社，1993.

[16] 吴国盛. 什么是科学 [M]. 广州：广东人民出版社，2016.

[17] 田霞. 民国时期农村家庭亲子关系 [J]. 华夏文化，1999（1）：20-22.

[18] 陈顾远. 民法亲属实用 [M]. 上海：大东书局，1946.

[19] 杨立新. 中国百年民法典汇编 [M]. 北京：中国法制出版社，2011.

[20] ［明］邱浚. 大学衍义补（上）[M]. 北京：京华出版社，1999.

[21] ［春秋］孔子. 论语 [M]. 杨伯峻，杨逢彬，注译. 长沙：岳麓书社，2018.

[22] 于国庆. 大学生自我控制研究 [D]. 上海：华东师范大学，2004.

[23] 李春玲. 中国中产阶层成长中的烦恼与压力 [J]. 人民论坛，2016（27）：64-67.

[24] 梁海明. 孟子 [M]. 太原：山西古籍出版社，1999.

[25] Chen X, Ding L, Gao X. Relationship between parental control and middle school students' depression and risky behavior: The mediating effect of neuroticism [J]. China Journal of Health Psychology, 2016, 24 (5): 780-784.

[26] 阎爱民. 中国古代的家教 [M]. 北京：商务印书馆，2013.

[27] 罗检秋. 新会梁氏：梁启超家族文化史 [M]. 济南：山东画报出版社，2018.

[28] 杨建邺. 杨振宁传 [M]. 北京：生活·读书·新知三联书店，2012.

[29] 晓晓. 赵小兰传奇：美国华裔两代人的奋斗历程 [M]. 北京：作家出版社，2018.

[30] 熊玥伽. 大父母：卓越企业家的父母 [M]. 武汉：华中科技大学出版社，2016.

[31] ［英］爱德华·吉本. 吉本自传 [M]. 戴子钦，译. 上海：上海译文出版社，2013.

[32] ［德］老卡尔·威特，小卡尔·威特. 卡尔·威特教育经典 [M]. 李万祥，编译. 北京：当代世界出版社，2017.

[33] ［英］赫伯特·斯宾塞. 斯宾塞的快乐教育 [M]. 吕可丁，编译. 北京：北京联合出版公司，2013.

[34] ［美］安德鲁·卡内基. 钢铁大王卡内基自传 [M]. 喻璐，魏春泉，译. 北京：中国法制出版社，2016.

[35] ［美］斯托夫人. 斯托夫人的自然教育全书 [M]. 周舒予，译. 北京：北京理工大学出版社，2015.

[36] [美]马歇尔·卢森堡. 非暴力沟通[M]. 阮胤华,译. 北京:华夏出版社,2009.

[37] 马琳. 我国家长惩戒权的现代化[D]. 厦门:厦门大学,2018.

[38] 司马光. 潜虚(卷3)[M]. 影印版. 北京:中华书局,1985.

[39] 王景山. 理解孩子,指导孩子,解放孩子——读鲁迅《我们现在怎样做父亲》[J]. 父母必读,1993(4):30-31.

[40] De Young P A. Understanding and treating chronic shame: A relational / neurobiological approach[M]. London: Routledge, 2015.

[41] 王燕,张雷. 当代中国都市父母教养现状与反思[M]. 上海:复旦大学出版社,2008.

[42] [美]琳赛·吉布森. 不被父母控制的人生:如何建立边界感,重获情感独立[M]. 姜帆,译. 北京:机械工业出版社,2021.

[43] Barber B K, Olsen J E, Shagle S C. Associations between parental psychological and behavioral control and youth internalized and externalized behaviors[J]. Child Development, 1994, 65(4): 1120-1136.

[44] [澳]乔治·戴德. 自我边界[M]. 李菲,译. 南京:江苏凤凰文艺出版社,2019.

[45] Wang Q, Pomerantz E M, Chen H C. The role of parents' control in early adolescents' psychological functioning: A longitudinal investigation in the United States and China[J]. Child Development, 2007, 78(5): 68-72.

[46] Pace U, D'Urso G, Zappulla C. Psychological predictors of homophobic bullying among adolescents and young adults: The role of parental psychological control and sensation seeking[J]. Journal of Child and Family Studies, 2021, 30(3): 54-59.